Reihe Motorik 23

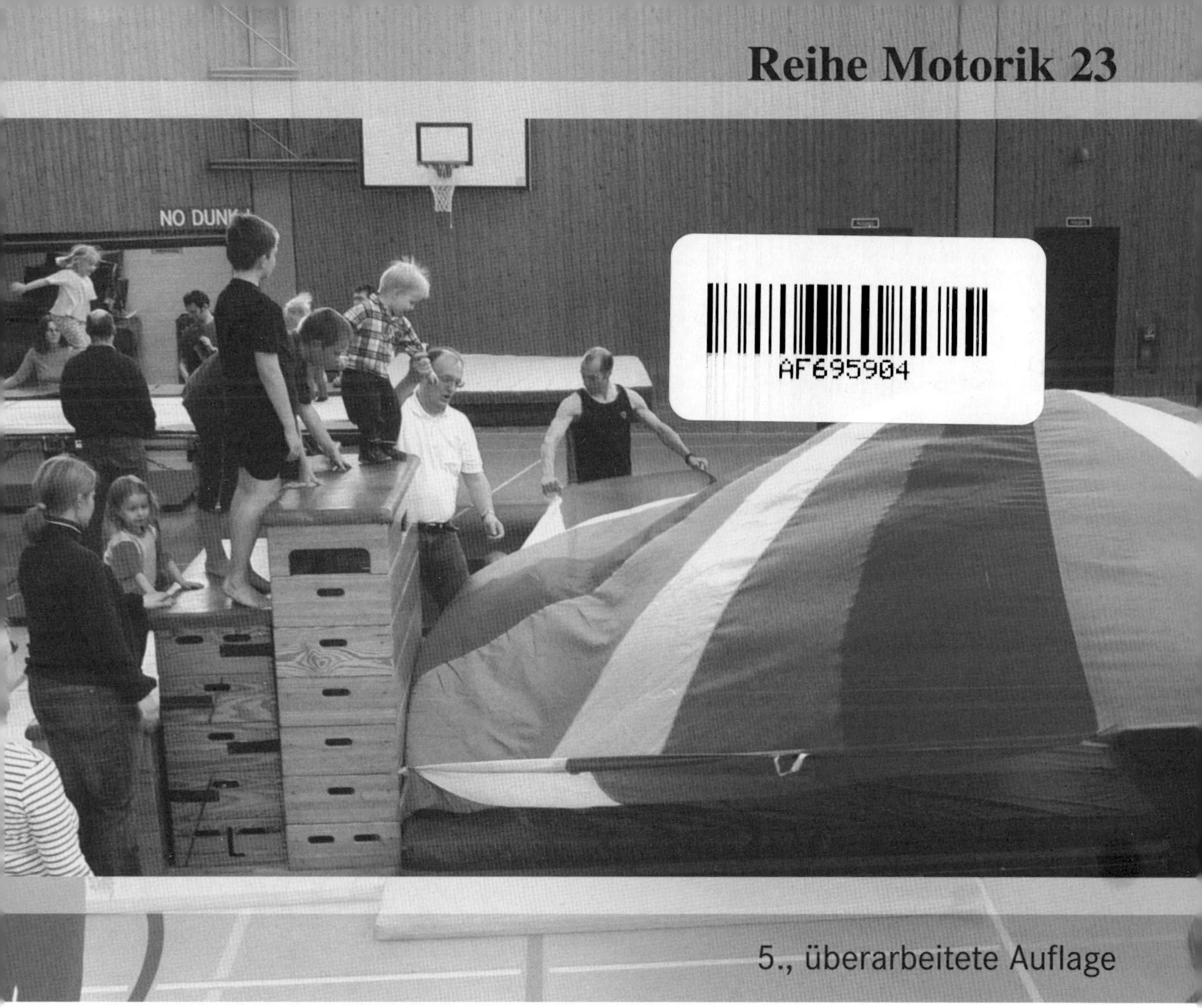

5., überarbeitete Auflage

Martina Lutter/Antje Stock

Erlebnislandschaften in der Turnhalle

Ein praktisches Handbuch für Spiel, Spaß und Abenteuer in Schule, Verein und Freizeit

hofmann.

Bibliografische Information der Deutschen Nationalbibliothek
Die Deutsche Nationalbibliothek verzeichnet diese Publikation in der Deutschen Nationalbibliografie; detaillierte bibliografische Daten sind im Internet über http://dnb.d-nb.de abrufbar.

Bestellnummer 6635

5., überarbeitete Auflage 2011

www.hofmann-verlag.de

Druck: Druckerei Djurcic, 73614 Schorndorf

Printed in Germany · ISBN 978-3-7780-6635-5

Reihe Motorik
Band 23

Martina Lutter/
Antje Stock

Erlebnislandschaften in der Turnhalle

Ein praktisches Handbuch für Spiel, Spaß und Abenteuer in Schule, Verein und Freizeit

Reihe Motorik

Herausgegeben von
Prof. Dr. phil. Friedhelm Schilling; Prof. Dr. phil. Ernst J. Kiphard; Prof. Dr. phil. Klaus Fischer

Bisher erschienen und noch lieferbar:

Band 2 Eva-Maria Schick
Zur Bewegungserziehung in der Familie

Band 3 Tilo Irmischer / Klaus Fischer (Red.)
Bewegungserziehung und Sport an Schulen für Lernbehinderte

Band 4 Friedrich Scherer
Sport mit blinden und sehbehinderten Kindern und Jugendlichen

Band 6 Klaus Fischer
Rechts-Links-Probleme in Sport und Training

Band 9 Jean-Jacques Guillarmé (Red.)
Psychomotorik in Frankreich

Band 12 Marianne Philippi-Eisenburger
Motologie

Band 13 Gerd Hölter (Hrsg.)
Mototherapie mit Erwachsenen

Band 14 Torsten Kunz
Weniger Unfälle durch Bewegung

Band 15 Reinhard Keller / Annemarie Fritz
Auf leisen Sohlen durch den Unterricht
(2. Auflage)

Band 16 Josef Gaal
Bewegungskünste – Zirkuskünste
(2. Auflage)

Band 17 Michael Stäbler
Bewegung, Spaß und Spiel auf dem Trampolin
(3. Auflage)

Band 18 Klaus Fischer
Entwicklungstheoretische Perspektiven der Motologie des Kindesalters

Band 19 Susanne Amft / Jürgen Seewald (Hrsg.)
Perspektiven der Motologie

Band 20 Birgit Jackel
Psychomotorische Handlungskompetenz beim Radfahren

Band 22 Ruth Haas
Entwicklung und Bewegung

Band 23 Martina Lutter / Antje Stock
Erlebnislandschaften in der Turnhalle
(5. Auflage)

Band 24 Klaus Fischer / Holger Holland-Moritz
Mosaiksteine der Motologie

Band 25 Jörg Bietz
Bewegungsvorstellung und Blindheit

Band 27 Andrea Stachelhaus
ÜPS!

Band 28 Karin Schaffner
Der Bewegungskindergarten

Band 29 Dr. Udo Wohnhas-Baggerd
ADHS und Psychomotorik

Inhalt

Vorwort der Autorinnen

Aus altbekannten Turngeräten lassen sich neue phantasievolle Erlebnislandschaften zaubern, die Kinder ebenso wie Erwachsene begeistern und zur Bewegung anregen. Das Turnen wird wieder zum Erlebnis. Kein mühevolles Erlernen normierter Bewegungen, sondern spielerisches, freiwilliges Bewegen stehen im Vordergrund. Spaß, Freude und Motivation entstehen aus dem freiwilligen Tun. Außerdem ermöglicht das Turnen in Erlebnislandschaften die Schulung vielseitiger Bewegungserfahrungen, deren Mangel in unserer Gesellschaft immer wieder betont wird. Diese Bewegungserfahrungen sind als grundlegende Voraussetzung für die Sicherheit in Alltagssituationen sowie für den Erwerb sportartspezifischer Fertigkeiten und Fähigkeiten anzusehen.

Unser Anliegen ist es, mit diesem Buch langjährige Erfahrungen und Erkenntnisse weiterzugeben. In zahlreichen Eltern-Kind-Gruppen sowie insbesondere in unserer Tätigkeit als Übungsleiterinnen im Bereich des Familiensportes haben wir die hier vorgestellten Aufbauten immer wieder erprobt. Viele Ideen kamen dabei von den Kindern oder deren Eltern selbst. Andererseits beinhaltet diese Sammlung aber auch Gerätearrangements, die sicherlich manchem Leser bekannt sind. Ziel ist es, ein praktisches Handbuch anzubieten, welches sich durch eine Fülle von Ideen auszeichnet und Anregung für die unterschiedlichsten Bewegungsstunden sein kann. Die Praxisanregungen und Zeichnungen bilden daher den Schwerpunkt dieses Buches. Sie sind sehr benutzerfreundlich und ermöglichen auf ihre klare Weise eine vereinfachte Planung und Durchführung zahlreicher Sportstunden in Schule, Verein und Freizeit. Der eigenen Kreativität und Phantasie sind dabei keine Grenzen gesetzt. Die Vorschläge dienen lediglich als Orientierungsrahmen und lassen sich jederzeit je nach vorhandenem Material umgestalten und erweitern. Der Sicherheitsaspekt sollte allerdings stets Berücksichtigung finden.

Die vielfältigen Einsatzmöglichkeiten und Differenzierungsmöglichkeiten der Arbeit mit Erlebnislandschaften werden am Beispiel des Familiensportes aufgezeigt, da uns dieser Bereich besonders am Herzen liegt und unseres Erachtens in der aktuellen Literatur noch zu wenig Beachtung findet.

Herzlich danken möchten wir an dieser Stelle unserem langjährigen Kollegen Norbert Raabe, der mit uns gemeinsam viele der in diesem Buch veröffentlichten Ideen entwickelte.

Martina Lutter/Antje Stock

1 Turnen mit Erlebnislandschaften

Veränderte Umwelt- und Lebensbedingungen haben dazu geführt, dass Kindern immer weniger Raum zum freien Erproben ihrer Bewegungsmöglichkeiten und -fähigkeiten zur Verfügung steht. Gewisse Mängel in der individuellen Bewegungsentwicklung werden immer häufiger beobachtet (vgl. BAUMANN, 1999, S. 28). Kinder, insbesondere in der Großstadt, haben auch immer weniger Gelegenheit für sie überschaubare bewegungsbezogene Risiken einzugehen, die mit ihren motorischen Fähigkeiten zu meistern wären. Insofern fällt es ihnen häufig schwer, alltägliche Risiken richtig einzuschätzen, da sie unzureichende Bedingungen vorfinden, die hierfür benötigten Fähigkeiten zu entwickeln (vgl. BAUMANN, 1999, S. 28 ff.).

Hier setzt das Turnen in Erlebnislandschaften an und versucht einen Raum zu schaffen, indem ein offen gehaltenes Bewegungsangebot ein experimentierendes Auseinandersetzen mit den Geräten und den eigenen Bewegungsmöglichkeiten zulässt. „Großgeräte und Großgerätearrangements beinhalten für Kinder Wagnis- und Risikosituationen. Solche Situationen haben eine enge Beziehung zum psychischen Bereich: Das enge Wechselspiel von Psyche und Motorik kommt nachhaltig zum Tragen. Das Bedürfnis des Kindes nach Spannung, Wagnis, Neugier und Überraschung wird befriedigt“ (SCHRAAG, 1996, S. 18). Der Lehrer, Übungsleiter, Eltern oder Freunde stehen dabei zum Eingreifen bereit und helfen, wenn Hilfe notwendig wird.

Ängstliche Kinder erhalten so die Chance erst einmal die Anderen beim Turnen in den Erlebnislandschaften zu beobachten, bevor sie durch ein schrittweises Herantasten nach und nach selbst immer mutiger werden können. Risikofreudige Kinder können sich hingegen im Umgang mit den Erlebnisstationen erproben und an manchen Stellen sicherlich ihre eigenen oder die Grenzen anderer erfahren. Jedes einzelne Kind erhält so die Gelegenheit kleine Wagnisse einzugehen und dabei in spielerischer Auseinandersetzung das eigene Bewegungsrepertoire zu erweitern. „Sich wagen im Sport heißt also eine individuell reizvolle Bewegungsaufgabe mit ungewissem Ausgang als Herausforderung zu akzeptieren und diese vorzugsweise mit eigenen motorischen Mitteln sprich Fähigkeiten zu bewältigen“ (NEUMANN, 1998, S. 8).

So wird ein verantwortungsbewusster Umgang mit Risiko- und Gefahrensituationen geübt und das eigene Bewegungsvermögen verbessert. Die Freude am Bewegen und gemeinsamen Tun stehen dabei an erster Stelle.

1.1 Welche Zielgruppe sprechen wir an?

Das Turnen in Erlebnislandschaften ermöglicht eine Vielfalt von Bewegungsformen, die alle Altersgruppen ansprechen. In erster Linie sind die Erlebnislandschaften für die Altersstufe von 1–10 Jahren attraktiv, da in dieser Altersstufe die Schulung der allgemeinen Grundfähigkeiten im Vordergrund steht. Insbesondere im Primarbereich bis zur 4. Klasse, im Eltern-Kind-Turnen und im Familiensport ist der Sportunterricht daher sehr gut in Form von Erlebnislandschaften zu gestalten. Der Einsatz von Erlebnislandschaften umfasst somit Schule, Verein und Freizeit.

Einige der hier aufgezeigten Ideen entstanden im Integrationssport, wo es notwendig ist, Geräteaufbauten zu erfinden, die den unterschiedlichen Leistungsniveaus integrativer Gruppen entgegenkommen und allen Teilnehmern ein befriedigendes Bewegungserlebnis ermöglichen. Viele Aufbauten eignen sich auch problemlos für ältere Kinder und Jugendliche (z. B. Thema: „Rollen“). Im Rahmen einer eher fertigkeitsorientierten Sportstunde (z. B. das Thema: Bewegungsmöglichkeiten an der schiefen Ebene) dienen sie entweder der spielerischen Einführung oder um beim Beispiel zu bleiben, der Verbesserung der Rolle vorwärts.

1.2 Welche Ziele verfolgen wir?

Erlebnisstationen können im Schul- und Vereinssport unterschiedlich genutzt werden. So bieten sie sich beispielsweise:

- Als integrativer Bestandteil einer eher fertigkeitsorientierten Sportstunde,
- zur Schulung der allgemeinen motorischen Grundfähigkeiten,
- zur Schulung spezieller Fertigkeiten (z. B. Rolle vorwärts/Flugrolle an der schiefen Ebene),
- als „Bewegungsbaustelle", an der Kinder mit vom Lehrer/Übungsleiter zur Verfügung gestelltem Material selbständig planen und gestalten dürfen, an.

Je nachdem mit welchem Schwerpunkt Erlebnislandschaften im Rahmen einer Sport- und Bewegungsstunde eingesetzt werden, können die mit diesem Einsatz verfolgten Zielsetzungen differieren. Die nun folgende Auflistung bietet einen umfassenden Überblick über mögliche Zielsetzungen, die mit einem Turnen in Erlebnislandschaften verfolgt werden können.

Ziele des Turnens an Erlebnislandschaften:

- *Spaß und Freude an der Bewegung*
- *Offen gehaltenes Bewegungsangebot*
  - Vielfalt unterschiedlicher Bewegungsausführungen möglich,
  - selbständiges Finden von Bewegungsschwerpunkten.
- *Gezielte Bewegungsformen*
- *Schulung der motorischen Grundfähigkeiten*
  - Kriechen – krabbeln
  - gehen – laufen
  - balancieren – klettern
  - stützen – halten
  - hüpfen – springen
  - hangeln – hängen
  - schwingen – schaukeln
  - rollen – wälzen
  - werfen – fangen.
- *Erwerb und Festigung konditioneller Fähigkeiten*
  - Kraft, Ausdauer, Schnelligkeit, Beweglichkeit und Koordination.
- *Förderung der Kreativität und Phantasie*
  - Altbekannte Turngeräte erhalten eine neue Bedeutung (z. B. Barren = Hängebrücke),
  - Raum zum eigenen Bewegen und Gestalten (Erfolgserlebnisse),
  - Anregung zum freien Spiel.
- *Soziale Erfahrungen*
  - Einhaltung von Regeln,
  - gegenseitige Rücksichtnahme,
  - gegenseitige Hilfe- und Sicherheitsstellung,
  - Mitverantwortung,
  - Konfliktlösung.
- *Emotionale Erfahrungen*
  - Umgang mit Erfolgen und Misserfolgen,
  - Überwindung von Schwierigkeiten,
  - gemeinsames Tun / Gruppengefühl.
- *Erhöhung der Bewegungszeit*
  - Lange Wartezeiten werden vermieden.
- *Differenzierung*
  - Erlebnislandschaften ermöglichen Bewegungsvielfalt und damit eine Chance der Binnendifferenzierung,
  - Arbeiten in heterogenen Gruppen wird erleichtert (Altersheterogenität, Leistungsheterogenität, Integration von Behinderten).

1.3 Welche Regeln sind wichtig?

1.3.1 Regeln im Umgang mit Erlebnislandschaften

Das Turnen in Erlebnislandschaften beinhaltet neben Wagnis, Spannung und Freude ebenso Situationen der Unsicherheit und Angst. Die Erfahrung eigener körperlicher Fähigkeiten und Grenzen kann nur in einem Rahmen stattfinden, der frei von Zwang ist. Aufbauten, die Gefahrenelemente beinhalten, sollten daher niemals verpflichtend angeboten werden. Die Kinder müssen die Möglichkeit haben, sich frei zu entscheiden, welche Bewegungsformen sie sich zutrauen und welche nicht. Leichte Aufgabenstellungen oder Bewegungsmöglichkeiten können hingegen selbstverständlich von allen Kindern erwartet werden. Sie bieten sich darüber hinaus für das Erlernen bestimmter Fertigkeiten an. Der Erlebnisaspekt tritt dann in den Hintergrund.

Zu bedenken ist, dass alle Teilnehmer die Chance erhalten sollten, für sie als positiv erlebte Erfahrungen machen zu können. Das ist nur erreichbar, wenn individuelle Zielsetzungen und Leistungsmaßstäbe zugrunde gelegt werden. Differenzierungsmaßnahmen bezüglich des Schwierigkeitsniveaus und des Angebotes sowie die Möglichkeit individuelle Bewegungslösungen finden zu können, sollten gegeben sein. Ebenso muss der soziale Umgang in der Gruppe, mit der an Erlebnislandschaften geturnt werden soll, von einem einfühlsamen Umgang miteinander geprägt sein. Der Übungsleiter bzw. Lehrer ist an dieser Stelle besonders gefordert.

Zusammenfassend gelten folgende Regeln:

- Prinzip der Freiwilligkeit,
- individuelle Zielsetzungen und Bewertungsmaßstäbe sind wichtig,
- Differenzierung,
- vertrauensvolle Atmosphäre innerhalb der Gruppe,
- offene oder zielorientierte Bewegungsaufgabe.

1.3.2 Praktische Durchführung

Die praktische Umsetzung eines groß angelegten Stationsbetriebes scheitert in der Praxis häufig an den Befürchtungen seitens der Übungsleiter und Lehrer, dass durch den hohen Aufbauaufwand kaum noch Zeit zum Bewegen bleibt. Diese Befürchtungen sind sicherlich häufig gerechtfertigt. Dennoch sollten sie kein Grund dafür sein, auf die vielfältigen Möglichkeiten eines derartigen Turnens zu verzichten. Hier gilt es nach Lösungen zu suchen, den Aufwand durch gezielte Organisation zu verringern.

In der Schule empfiehlt es sich aus ökonomischen Gründen, Absprachen mit den Kollegen zu treffen. Ziel ist dabei, dass ein Aufbau in der Turnhalle von den unterschiedlichen Kollegen den ganzen Vormittag über genutzt wird. Die erste Klasse baut morgens auf und die letzte Klasse ab. Da ein Stationsbetrieb für unterschiedliche Altersstufen genutzt werden kann, steht durch derartige Absprachen den Kindern mehr Zeit für Bewegung zur Verfügung (Erhöhung der Bewegungszeit und Bewegungsintensität).

Zu Beginn der Stunde muss der Aufbau gemeinsam besprochen werden. Dabei gibt entweder der Lehrer/Übungsleiter seinen zuvor geplanten Aufbau bekannt oder erarbeitet ihn mit den Schülern/Teilnehmern gemeinsam. Anschließend werden die Schüler/Teilnehmer den einzelnen Stationen zugeordnet und bauen ihre jeweilige Station auf. Zu diesem Zweck ist es hilfreich den Gruppen eine Kopie derjenigen Station, die sie aufbauen sollen, in die Hand zu geben. Mit einer Schulklasse oder Übungsgruppe, die ein derartiges Vorgehen gewöhnt ist, minimiert sich die Aufbauzeit zunehmend. Zu erwähnen ist ebenfalls, dass auch der Aufbau an sich ein Ziel des Unterrichts bzw. der Übungsstunde ist.

1.3.3 Sicherheit geht vor

Gefahrenquellen:

- Mangelhafte Erwärmung,
- unzureichende Absicherung (kleine Matten sind zumeist ein limitierender Faktor bei der Stationsauswahl),
- Sturzgefahr,
- Zusammenstöße (hier gilt es zuvor entsprechende Verhaltensregeln zu vereinbaren),

- Stationsimmanente Gefahren (z. B. großes Trampolin).

Unfallverminderung durch:

- Berücksichtigung der oben genannten Gefahrenquellen,
- regelmäßige Kontrolle der Einzelgeräte auf Mängel,
- sachgerechter Aufbau jeder Station,
- stetige Überprüfung der aufgebauten Stationen,
- Absprache über optische oder akustische Signale, durch die der Übungsablauf unterbrochen werden kann.

Die Sicherung der einzelnen Stationen erfordert eine genaue Kenntnis über die wichtigsten Knoten. Nur so ist gewährleistet, dass ein Aufbau auch hohen Beanspruchungen standhält.

Die folgenden Knoten (BAUMANN/HUNDELOH 1996, S. 36f.) sind leicht zu erlernen und vielfältig einsetzbar:

Palstek

Der Palstek ist einfach, stark und stabil. Er ist einer der bekanntesten und weit verbreitetsten Knoten. Er wird generell dazu benutzt, eine feste Schlaufe in das Ende eines Seils zu machen oder dazu, ein Seil an einem Gegenstand festzumachen.

Für den Palstek wird zunächst eine Schlaufe in die stehende Part eines Seils gemacht. Dann wird der Tampen durch das Auge hinter der stehenden Part vorbeigeführt und abschließend wieder zurück durch das Auge geführt. Aus Sicherheitsgründen sollte der Palstek mit einem Stopperknoten abgeschlossen werden, um zu verhindern, dass er rutschen kann.

Die Vorteile des Knotens sind die, dass er nicht rutscht, lose wird oder verkantet sowie, dass er schnell und leicht geöffnet werden kann, selbst wenn das Seil unter Zug steht. Ein großer Nachteil liegt darin, dass er, wenn er mit einem steifen Seil gemacht wird, dafür anfällig ist, sich zu lockern, da sich das Seil nicht „zur Ruhe begeben“ kann.

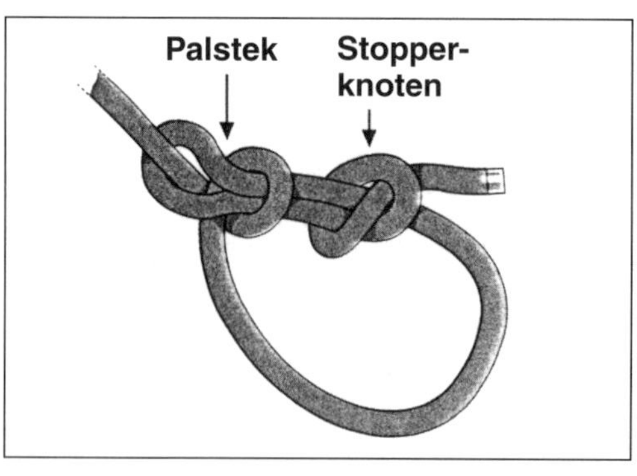

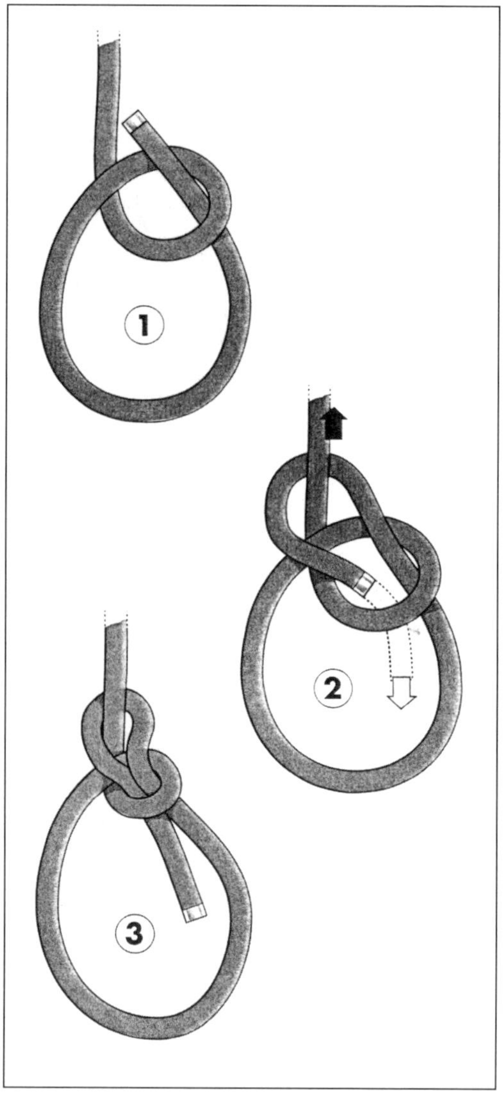

Rundtörn und zwei Halbschläge

Dieser vielseitige Knoten kann immer zur Befestigung einer Schnur an einem Haken, einem Griff, einem Pfosten, einer Reling oder einem Balken verwendet werden. Er ist ein starker, zuverlässiger Knoten, der niemals verkantet.

Er hat den Vorteil, dass, wenn erst einmal das eine Ende mit einem Rundtörn und zwei halben Schlägen gesichert ist, man das andere Ende mit einem zweiten Knoten festmachen kann.

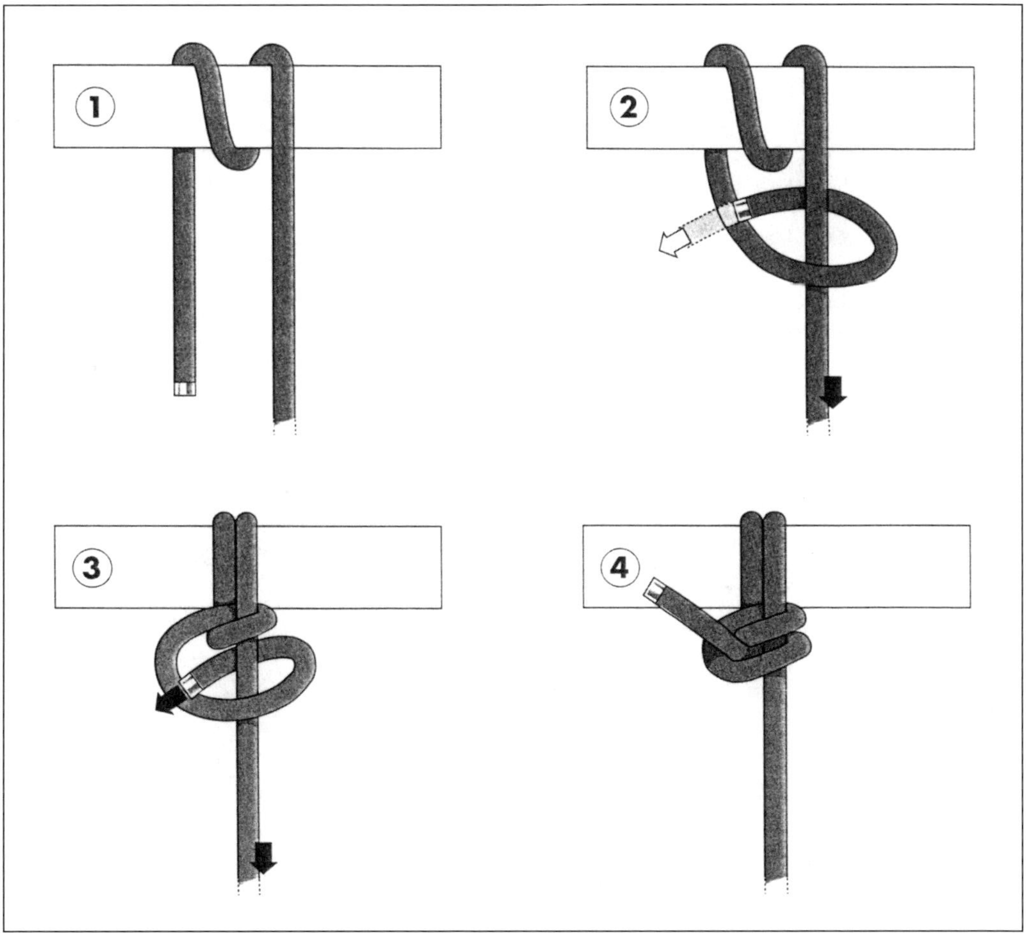

2 Sammlung von Praxisbeispielen

Die handskizzierten Zeichnungen in diesem Buch haben keinen Anspruch auf Genauigkeit bezüglich Größe und Proportion. Die Perspektive und Größe der einzelnen Darstellungen wurde, in Abhängigkeit von dem vorzustellenden Aufbau, bewusst verschieden gewählt. Dem Betrachter wird dadurch eine größere Lebendigkeit und höchstmögliche Anschaulichkeit geboten.

Jede der hier dargestellten Gerätearrangements wurde in der Praxis vielfach erprobt. Dennoch müssen unterschiedliche Gegebenheiten in den verschiedenen Sporthallen (z. B. andere Mattengrößen) den Benutzer dieser Skizzen immer wieder erneut zur kritischen Betrachtung des fertigen Aufbaus veranlassen. Gegebenenfalls ist die eigene Kreativität gefordert. Unter Berücksichtigung des Sicherheitsaspektes müssen möglicherweise Veränderungen vorgenommen werden.

2.1 Zur Legende:

- *Überschrift:*

  Die Namen zu den einzelnen Erlebnislandschaften beinhalten:

  - Ein mögliches Bewegungsangebot,
  - einen Einstieg in die Phantasie- und Abenteuerwelt,
  - einen hohen Aufforderungscharakter.

- *Zeichnung:*

  Die zwei- oder dreidimensionale Zeichnung:

  - beinhaltet eine möglichst klare, verständliche und genaue Betrachtungsmöglichkeit der Station,
  - verdeutlicht mögliche Abläufe des Bewegungsgeschehens an der Station,
  - gibt einen schnellen Überblick über alle benötigten Materialien.

- *Signatur:*

  Ein Blick auf die Männchen-Signatur gibt dem Benutzer einen schnellen Hinweis, über den schwerpunktmäßigen Einsatz dieser Erlebnisstation.

Der schwarz ausgemalte Kopf der „Männchen“ bezeichnet jene Altersgruppe, für die dieser Aufbau/diese Station hauptsächlich geeignet ist.

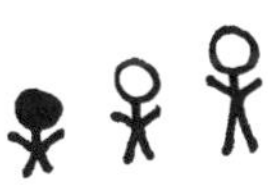
Aufbau geeignet für die 1- bis 3-jährigen Kinder

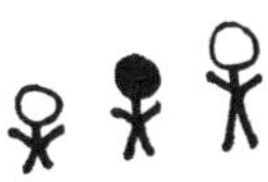
Aufbau geeignet für die 4- bis 6-jährigen Kinder

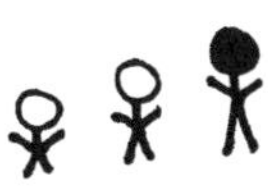
Aufbau geeignet für die 7- bis 99-jährigen Personen

Sind auf einer Signatur mehrere Männchen-Köpfe schwarz, bedeutet es, dass dieser Aufbau altersübergreifend genutzt werden kann:

Beispiel „Brücken“:

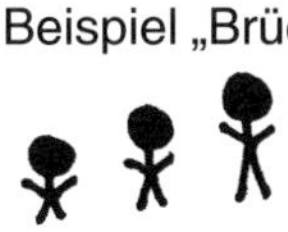
Aufbau geeignet für die 1- bis 99-jährigen Personen

Beispiel „Das Boot“

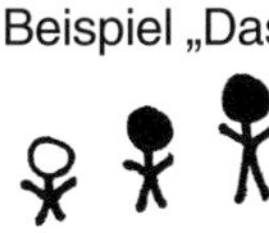
Aufbau geeignet für die 4- bis 99-jährigen Personen

Beispiel „Heuhaufen“

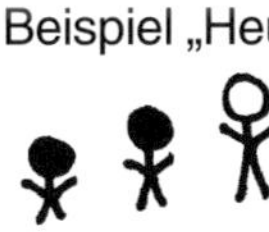
Aufbau geeignet für die 1- bis 6-jährigen Kinder

Für den Integrationssport gelten diese Angaben nicht, da hier individuelle Maßstäbe angesetzt werden müssen. Grundsätzlich sind alle Aufbauten für alle Altersgruppen geeignet. Dennoch gibt es Stationen, die von 1- bis 3-jährigen aufgrund der fehlenden Entwicklungsvoraussetzungen nicht oder nur eingeschränkt bewältigt werden können (z. B. Rodelbahn, Affenkäfig, Weitsprung). Andererseits gibt es Aufbauten, an denen sich 7- bis 99-jährige unterfordert fühlen (z. B. Ruderboot, Mattentunnel). Andere Stationen sind altersübergreifend attraktiv (z. B. Airtramp, großes Trampolin).

- *Trainingsbereich:*

Jene Fähigkeiten, die bei dem betreffenden Aufbau in erster Linie geschult werden, sind am unteren Rand der Zeichnung dargestellt (klettern, rutschen, balancieren, kräftigen u. v. m.).

Dieser Überblick ist sowohl bei der Planung einer Stunde hinsichtlich einer gezielten Fertigkeit als auch im Rahmen einer komplexen Fähigkeitsschulung hilfreich. Für eine Stunde mit vielfältiger Fähigkeitsschulung kann der Übungsleiter/Lehrer verschiedene Anregungen mit unterschiedlichen Bewegungsschwerpunkten auswählen und entsprechend der räumlichen Gegebenheiten zusammenstellen. Anzumerken ist, dass diese Hinweise keinen Absolutheitsanspruch haben. An den jeweiligen Stationen ist fast immer eine Vielzahl unterschiedlichster Erfahrungsbereiche angesprochen. Die Signatur kennzeichnet lediglich, welche spezifischen Möglichkeiten an der jeweiligen Station im Vordergrund stehen.

Darüber hinaus gibt es zu den einzelnen Zeichnungen zusätzliche Informationen bezüglich des benötigten Materials, der Sicherheit und weiterführenden Sport- und Spielmöglichkeiten.

- *Material:*

Alle verwendbaren Materialien werden aufgezählt – bei schwierigen Aufbauten mit detaillierter Bauanleitung. Bei variablen Möglichkeiten werden die Alternativen aufgezeigt (z. B. Wippe: Sprungbretter oder Kastendeckel).

- *Sicherheit:*

Allen Sportlehrern ist bewusst, dass es sich bei der Sicherheit um einen der wichtigsten Aspekte bei der Planung von Sportunterricht handelt. Bei stationsimmanenten Gefahrenquellen sind besondere Sicherheitshinweise vermerkt (z. B. Flussüberquerung: Quetschgefahr).

- *Sport- und Spielmöglichkeiten*

Aus der Signatur am unteren Rand der Zeichnung ergeben sich schon zahlreiche Bewegungsideen von selbst.

Weiterführende Ideen sind unter diesem Punkt auf manchen Zeichnungen erwähnt, um dem Sportlehrer neue Anregungen zu vermitteln (Bsp. Rollende Bank, Rollende Matte etc.)

2.2 Praxisbeispiele

Zur besseren Übersichtlichkeit sind die nun folgenden Beispiele alphabetisch geordnet.

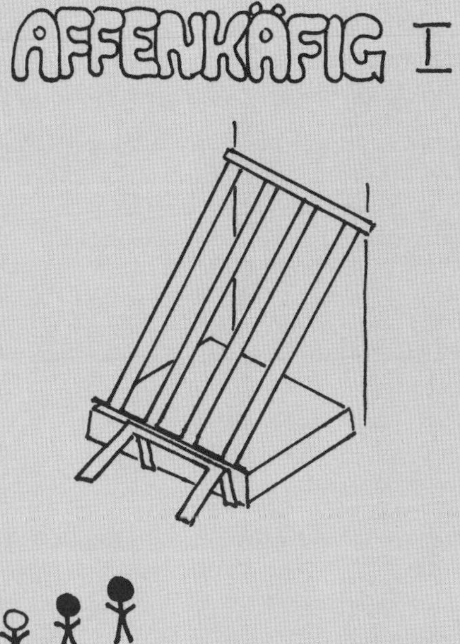

Klettern, halten, schwingen, springen, kräftigen, rollen, Wagnis

Affenkäfig I

Kletterstangen schräg stellen und auf 1 Holzuntersetzbock stützen.
1 Weichboden quer unter die Stangen legen.

Sicherheit:
Der Bock lässt sich mit herkömmlichen Matten nicht optimal abpolstern → Gefahr der Verletzung am Bock (Hinweis an die Kinder).
Bei Benutzung durch 1- bis 5-jährige Kids, Eltern als Sicherheit.

Sport- und Spielmöglichkeiten
- Klettern auf allen Vieren an 2 Stangen gleichzeitig (oberhalb und unterhalb der Stangen),
- hangeln und schwingen an 2 Stangen gleichzeitig,
- hängen an 2 Stangen mit dem Rücken zur Wand → Rückwärtsrolle → Landung auf der Weichbodenmatte,
- hochklettern → Absprung auf Weichboden aus beliebiger Höhe (Wagnis).

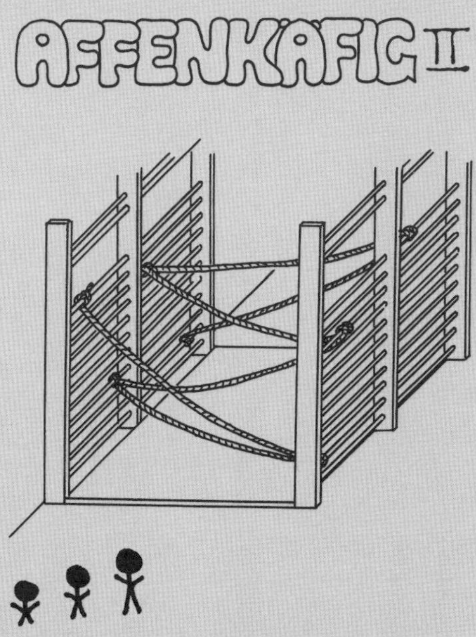

Klettern, hängen, hangeln, halten, Kraft, Geschicklichkeit, Gleichgewichtssinn, Koordination, Ganzkörpereinsatz

Affenkäfig II
ausgeklappte Sprossenwände

4 Matten,
2 Taue.

Sicherheit
Taue sicher und rutschfest verknoten (z. B. Webeleinstek) damit die Taue gespannt bleiben.

Sport- und Spielmöglichkeiten
- Wer klettert von der einen zur anderen Seite ohne den Boden (Matten) zu berühren?
- Diesen Aufbau kann man gut einbeziehen in eine „Reise ins Abendteuerland“ zum Thema: Dschungel.

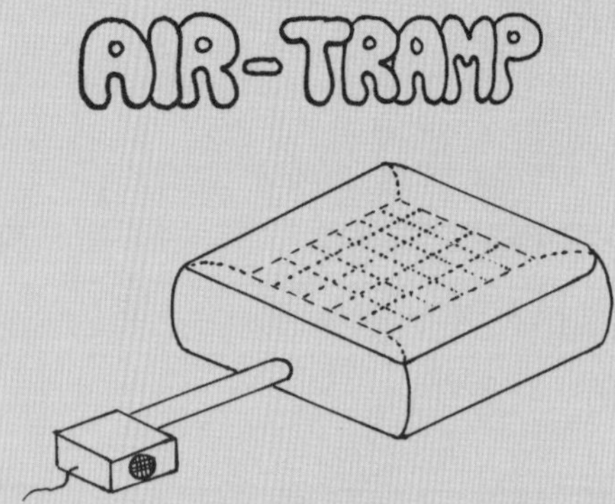

Airtramp

1 Luftkissen, Maße 10 × 10 m,
1 Kompressor,
1 Steckdose.

Sicherheit:
- Benutzung nur ohne feste Schuhe.
- Bei einem Airtramp ohne Seitenbegrenzung: alle 4 Seiten durch Erwachsene sichern (4 Personen).
- Begrenzung der Personenzahl auf dem Airtramp (evtl. Altersgruppierung).

Sport- und Spielmöglichkeiten
- Sprünge, Rollen, Luftrollen, Überschläge.
- Fangspiele.
- Eltern-Kind-Integration: Kind sitzt auf dem Rand, Elternteil wippt das Kind an den Beinen festhaltend in die Höhe; Kind muss Gleichgewicht halten und Körperspannung entwickeln

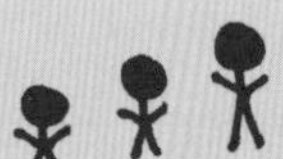

Fliegen, springen, rollen, laufen, Gleichgewicht

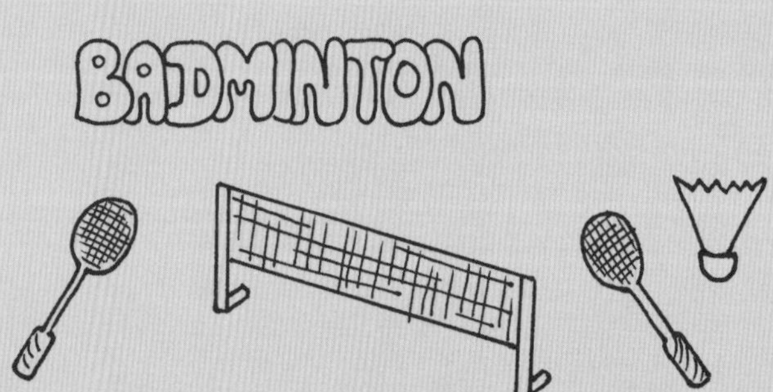

Badminton

Schläger,
Netze,
Ständer,
Bälle.

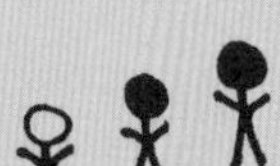

Feinmotorik, Antizipation, Ballgefühl

BALANCIER-WIPPE

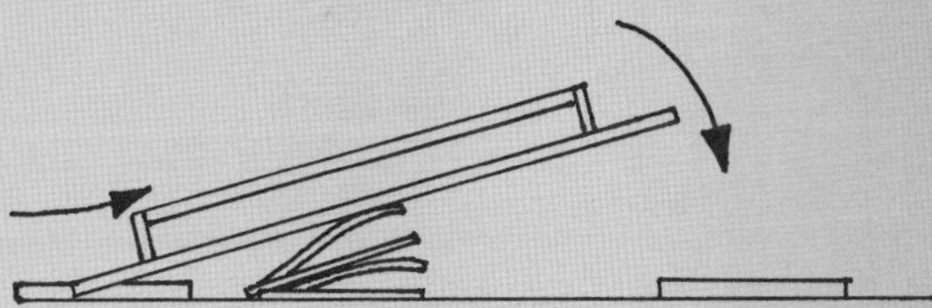

Balancier-Wippe

1 Bank, umgedreht,
1–2 stoffbespannte Sprungbretter
oder 1 Kastendeckel,
2 Matten.

Sicherheit:
1 Erwachsener gibt Hilfestellung (Handfassung und Oberarmgriff) oder Sicherheitsstellung beim Hinüberbalancieren.
Hinweis an wartende Kinder: Abstand halten von der Bank, da es einen Rückschlageffekt der Bank im Kipppunkt gibt.

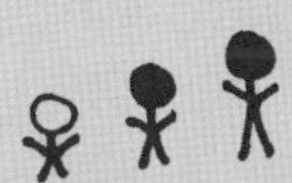

Balancieren, Körperspannung, Reaktionsschnelligkeit, Antizipation, Wagnis

BALLKISTE

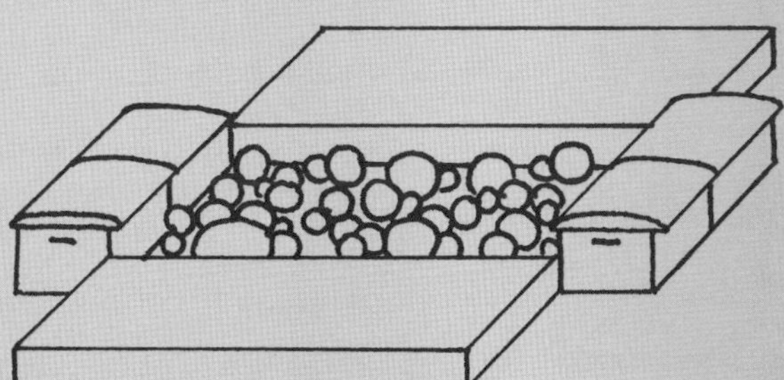

Ballkiste

2 Weichböden,
4 kleine Kästen.
Diverse Bälle.

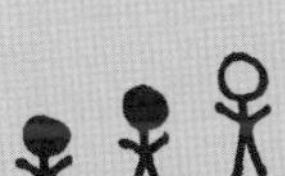

Krabbeln, Ballgefühl, Sinnesschulung

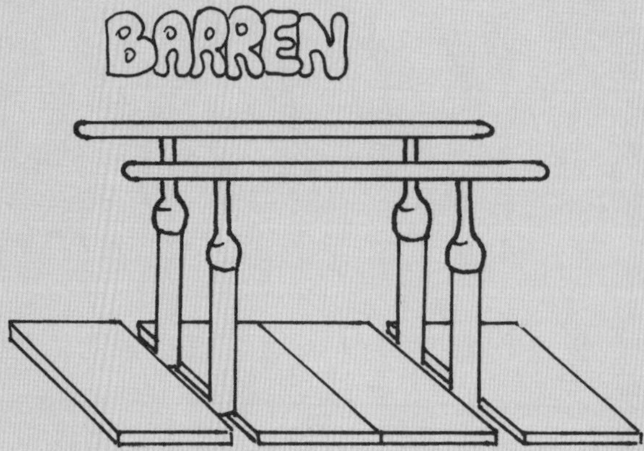

Barren

1 Barren, Holme auf gleicher Höhe,
4 Matten.

Sport- und Spielmöglichkeiten
- Schwingen,
- stützen, entlangstützeln,
- auf allen Vieren überqueren,
- entlanghangeln,
- hängend entlangziehen an den Holmen,
- kopfüber schaukeln (Kniekehlen eingehängt).

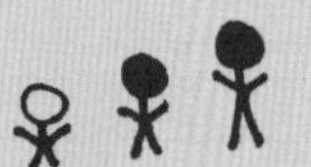

Klettern, halten, schwingen, stützen, kräftigen

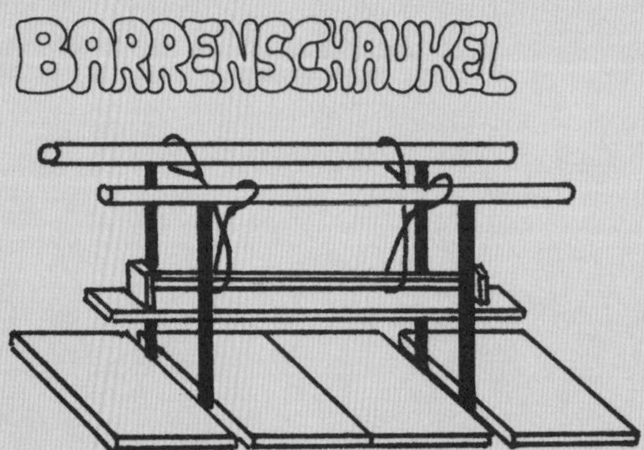

Barrenschaukel

1 Barren (Holme auf gleicher Höhe).
1 Bank (umgedreht in den Barren gehängt).
2 Springseile (zum Befestigen der Bank an den Holmen) Knoten (Palstek).

Sicherheit:
Hinweis an die Kinder: Quetschgefahr zwischen den senkrechten Barrenständern und der frei schwingenden Bank (– Sitzen nur in der Mitte).

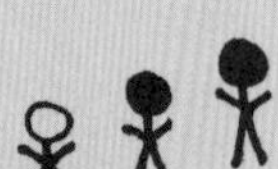

Balancieren, stützen, schwingen

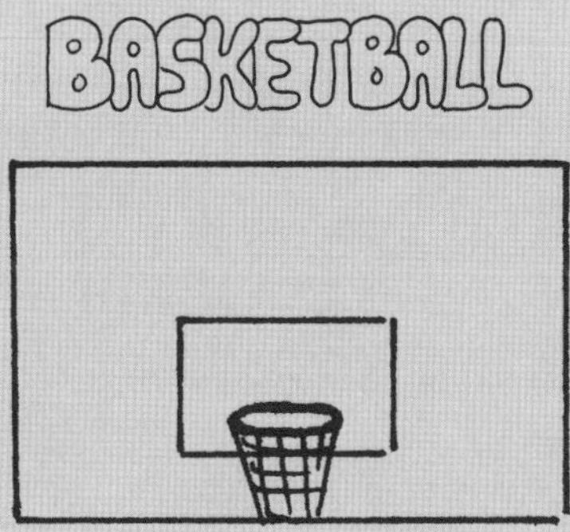

Basketball

Basketballkorb,
Basketbälle.

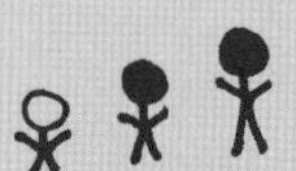

Werfen, fangen, antizipieren, Differenzierungsfähigkeit

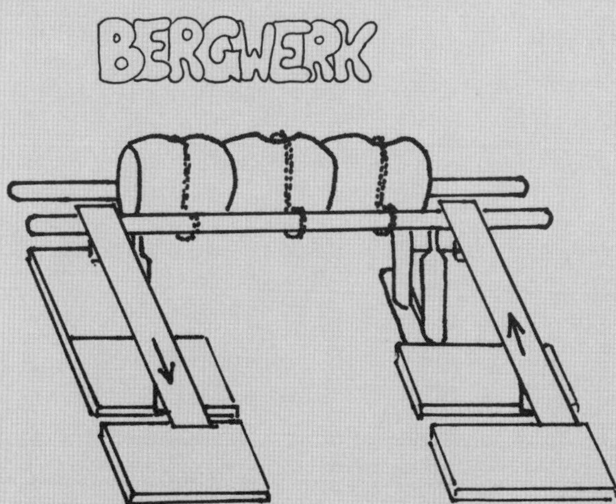

Bergwerk

1 Barren, Holme auf gleicher Höhe, 2 Bänke, 3 Tonnen, ca. 6 Matten, 3–6 Springseile (Palstek oder Rundtörn).

Sicherheit
Bei 1- bis 3-jährigen Kindern begleiten 2 Erwachsene die Kinder durch aktive Hilfestellung und akustische Hinweise.

Sport- und Spielmöglichkeiten
- Bänke hochlaufen, hinunterlaufen, Tonnen durchkriechen,
- Bänke hochkrabbeln, hinunterrutschen (Positz),
- Bänke auf dem Bauch hochziehen, auf Bauch hinunterrutschen.

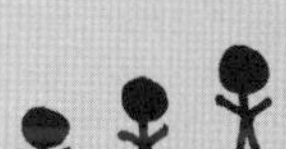

Klettern, rutschen, kriechen, halten, Wagnis

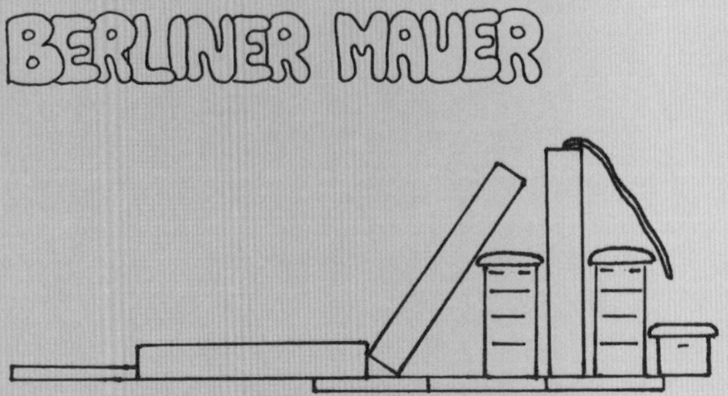

Berliner Mauer

3 Weichböden (die senkrechten Weichböden auf die Längskante stellen),
2 große Kästen,
1 kleiner Kasten,
7 Matten,
(1–2 Springseile).

Sicherheit
Bei Benutzung dieser Anlage durch
3- bis 6-jährige Kinder Sicherheitsstellung durch Erwachsene an den Seiten der Mauer.

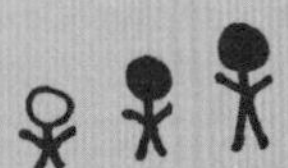

Klettern, rutschen, kriechen, halten, Wagnis

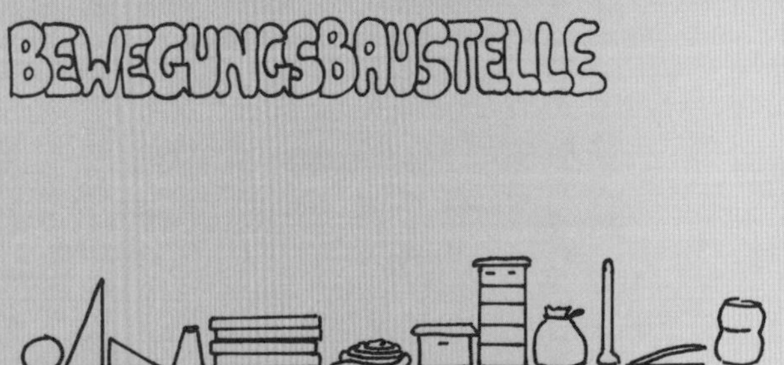

Bewegungsbaustelle

„Materialreste", die an den anderen Stationen nicht verbraucht wurden:
Matten, Schwungtuch, Seile, Bälle, Hütchen, große und kleine Kästen, Bänke, Sprungbretter, Malstangen, Tonnen, Holzböcke, Mattenwagen, etc.

Sicherheit
1 ÜL kontrolliert den Aufbau bezüglich Gefahrenquellen.

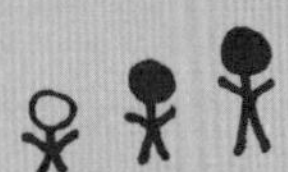

Autonomes Handeln, Kreativität, Erlebnis, weitere Funktionen je nach Art des Aufbaus

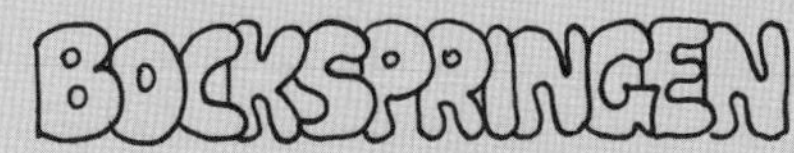

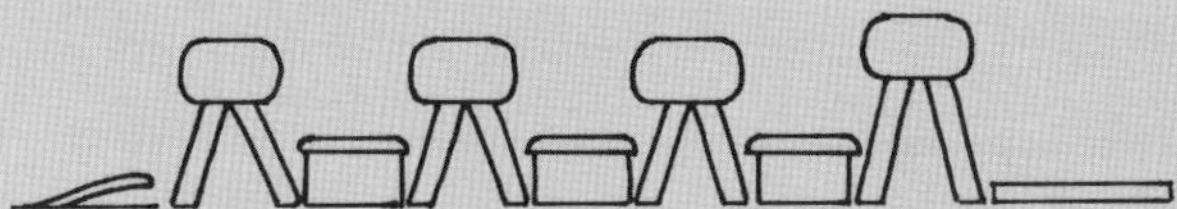

Bockspringen

3–4 Böcke,
2–3 kleine Kästen,
1 Sprungbrett,
1 Matte.

Sicherheit
Hilfestellung Oberarmgriff oder Sicherheitsstellung durch je 1 Erwachsenen.

Springen, klettern, kräftigen

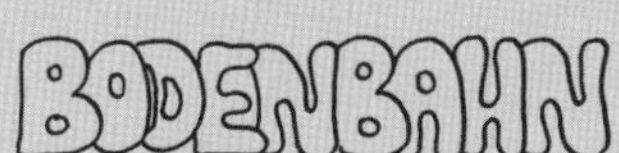

Bodenbahn

1 ausrollbare Bodenturnbahn oder 3–6 Matten.

Sicherheit
Je nach Übungselement.

Sport- und Spielmöglichkeiten
a) freier Übungsbetrieb,
b) zielorientierter Übungsbetrieb.

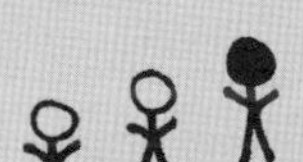

Laufen, springen, stützen, rollen

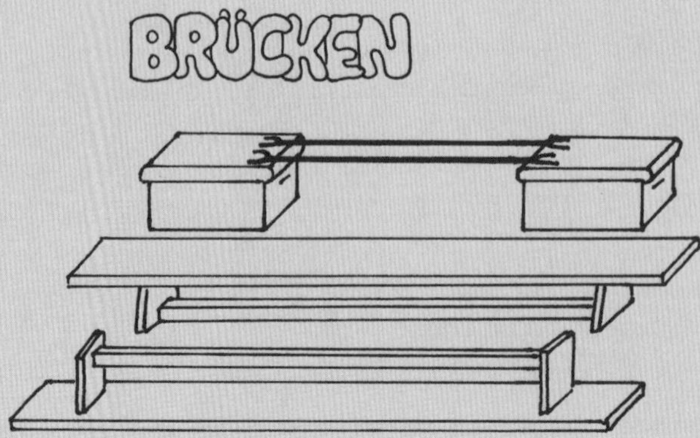

Brücken

2 Bänke,
2 kleine Kästen,
2 Reckstangen.

Sicherheit
Hand- und Oberarmgriff bei 1- bis 5-jährigen Kindern.

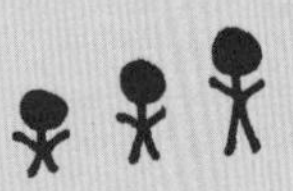

Balancieren

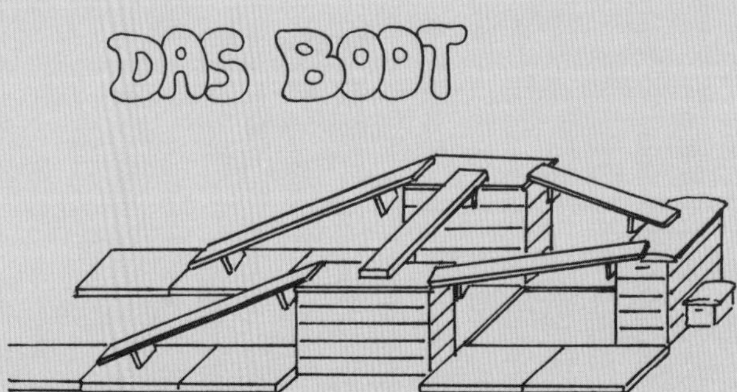

Das Boot

3 große Kästen,
5 Bänke,
1 kleiner Kasten,
~10 Matten.

Sicherheit
Bei Benutzung durch 1- bis 5-jährige Kinder begleiten Eltern sie auf dem Weg.

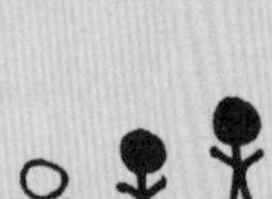

Klettern, balancieren, rutschen, Wagnis

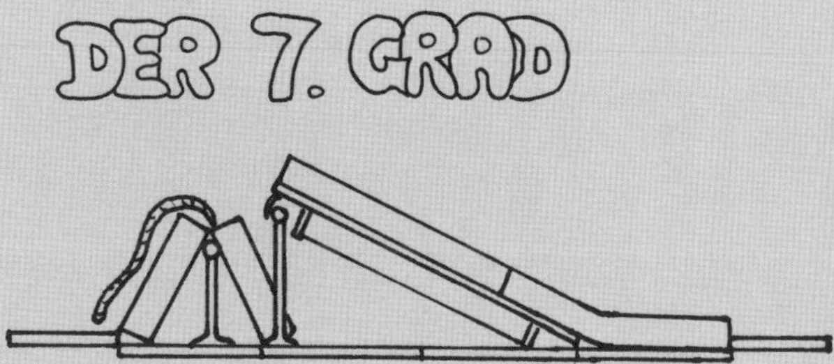

Halten, klettern, rollen, springen

Der 7. Grad

1 Barren (stufig gestellt), 3 Bänke (am oberen Holm des Barrens einhängen), 2 Weichböden (längs auf die Bänke legen), 4 Springseile (zur Befestigung der Weichböden untereinander und am Barren), max. 10 Matten (zur Absicherung der Anlage ringsherum legen), 1 faltbarer Weichboden (über den niedrigen Holm geklappt). 2 Springseile (zum Hochklettern am gefalteten Weichboden)

Sicherheit
2 Elternteile sichern die Anlage zu beiden Seiten bei Benutzung durch 1- bis 5-jährige Kinder.

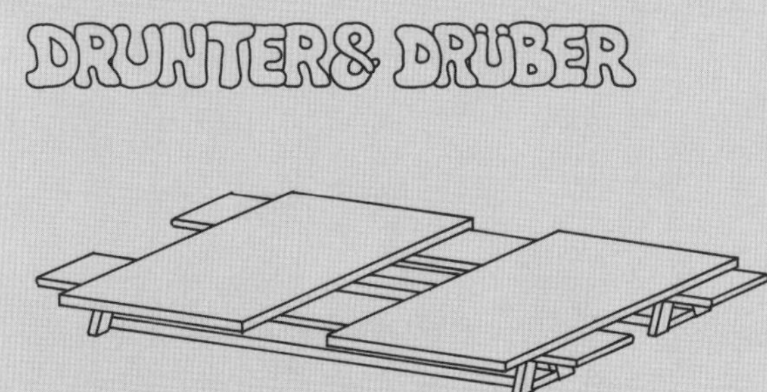

Kriechen, klettern, Koordination, Rücksichtnahme

Drunter & Drüber

2 Bänke, 2–3 feste Matten (je nach Mattengröße).

Sicherheit
Sicherheit der Kinder beachten, wenn die Kinder gleichzeitig auf und unter den Matten sind.

Sport- und Spielmöglichkeiten
- Überwinden der Bänke und Matten quer,
- Überwinden der Bänke und Matten längs,
- Bälle unter den Matten durchrollen,
- Einüben von Rollenbewegungen wie z. B. Rolle vorwärts.

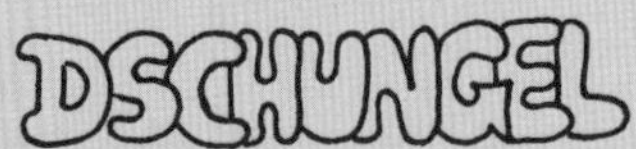

Dschungel

1 Barren,
2 Bänke,
1 Sprossenwand,
1 Ziehtau,
1 Weichboden,
2 Matten.

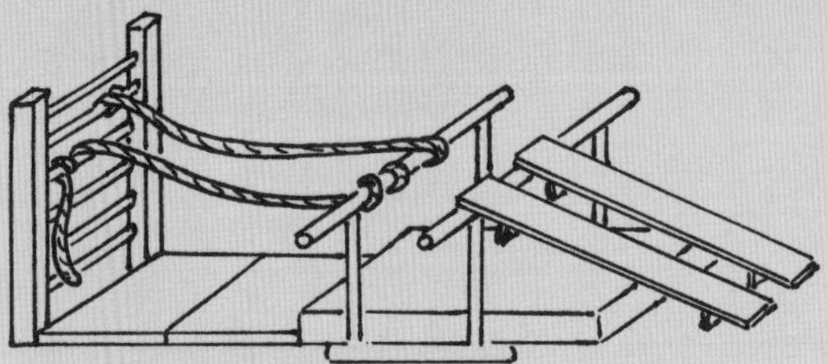

Klettern, balancieren, halten, hangeln, rutschen, kräftigen, Wagnis, Gleichgewichtssinn

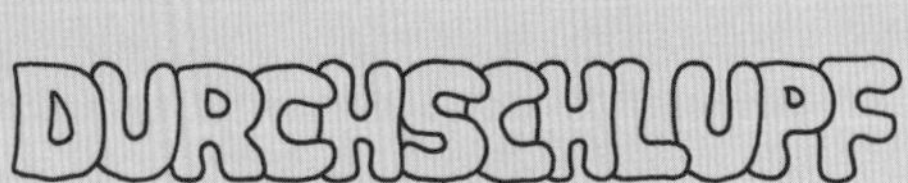

Durchschlupf

Tor

3–6 Reifen,
3–6 Springseile.

Sicherheit
Freistehende Tore **kippsicher** machen!
Knoten: Palstek oder Webeleinstek

Sport- und Spielmöglichkeiten

- Durchschlupfen mit Zeit stoppen „Wer schafft am schnellsten alle 4–6 Reifen?“,
- Matten unter die Reifen legen → Durchlaufschlupf mit Rolle auf die Matte,
- Wurfspiel mit Bällen, Frisbees, Ringen etc.

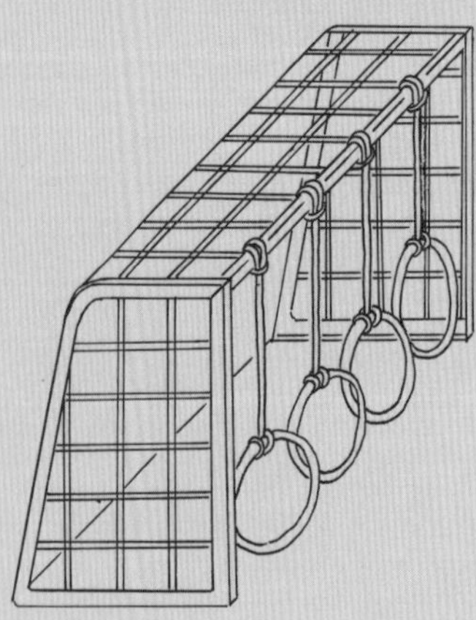

Kettern, Geschicklichkeit, Koordination

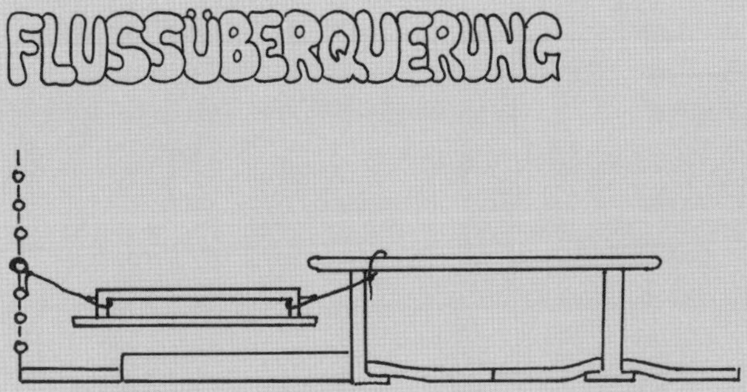

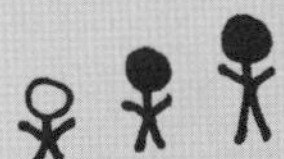

Stützen, balancieren, klettern, halten, Wagnis

Flussüberquerung

1 Barren,
1 Bank,
1 Weichboden,
4 Matten,
2–3 Springseile (zum Befestigen der Bank zwischen Barren und Sprossenwand).

Sicherheit

- Hilfestellung/Sicherheitsstellung für 1- bis 6-jährige Kinder durch 1 Elternteil.
- Bank muss frei hängen, Kontakt zur Sprossenwand oder Barren muss ausgeschlossen sein (Quetschgefahr).

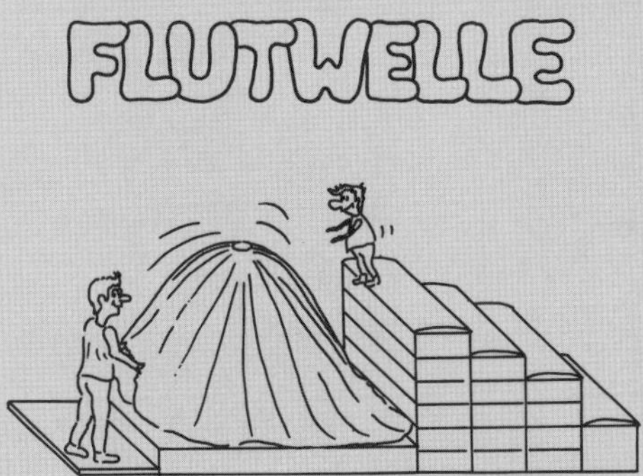

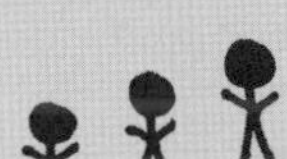

Klettern, springen, Mutprobe

Flutwelle

3 große Kästen, 2 kleine Kästen, (zur Kastentreppe gebaut)
1 Weichboden,
1 Schwungtuch.

Sicherheit

- Zuerst Sprung vom Kasten auf den Weichboden (Gewöhnung an die Höhe!) Danach Schwungtuch an den Handschlaufen zwischen 2. und 3. Kastenteil von unten einklemmen,
- Es springt immer nur 1 Kind gleichzeitig!

Sport- und Spielmöglichkeiten

- Sprung ohne Tuch vom Kasten auf den Weichboden,
- Mit zunehmendem Mut der Kinder wird das Tuch zu einer immer höheren Welle geschwungen,
- Kind springt bei Zuruf „hopp“, wenn die Welle am höchsten ist.

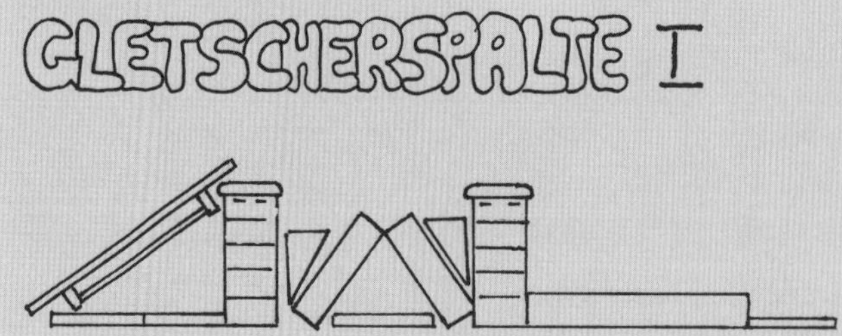

Gletscherspalte I

2 große Kästen,
1 faltbarer Weichboden,
1 einteiliger Weichboden,
1–2 Bänke,
2 Keilmatten,
5 Matten.

Sicherheit
Bei Benutzung durch 1- bis 5-jährige Kinder stehen 2 Elternteile jeweils seitlich zur Sicherung.

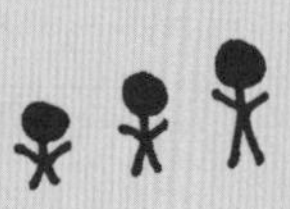

Klettern, balancieren, halten, springen

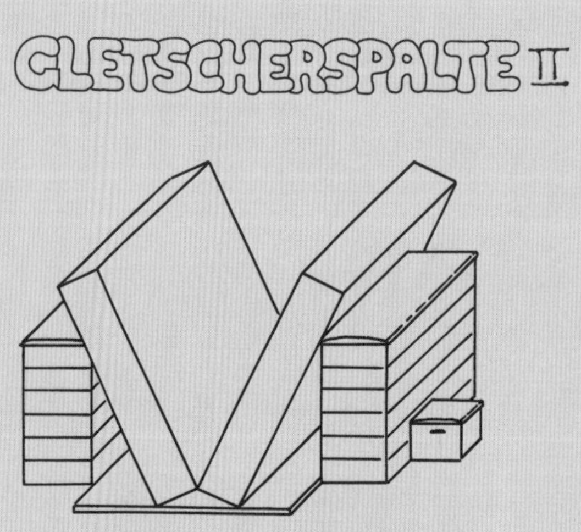

Gletscherspalte II

2 große Kästen,
1–2 kleine Kästen,
1 klappbarer Weichboden,
1–2 Matten unter dem Weichboden.

Sicherheit
Die Kinder überwinden die Gletscherspalte am besten nacheinander. Helferspiele sind möglich (Hände reichen zum Hochziehen o. Ä.).

Sport- und Spielmöglichkeiten
Diesen Aufbau kann man einbeziehen in eine „Reise ins Abenteuerland“ zum Thema: Hochgebirge.

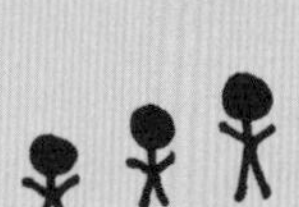

Kettern, halten, Kraft, Geschicklichkeit, Rücksichtnahme

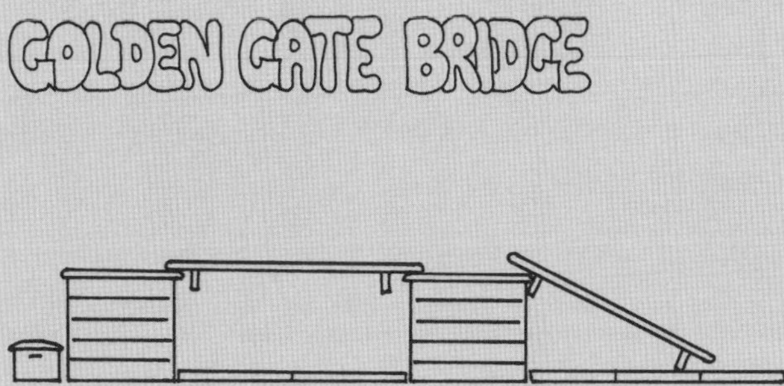

Golden Gate Bridge

2 große Kästen,
1 kleiner Kasten,
2 Bänke,
5 Matten.

Sicherheit
Bei Benutzung durch 1- bis 5-jährige Kinder: Eltern begleiten die 1- bis 5-jährigen Kinder auf dem Weg.

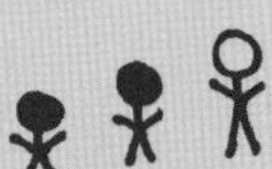

Klettern, balancieren, rutschen, Wagnis

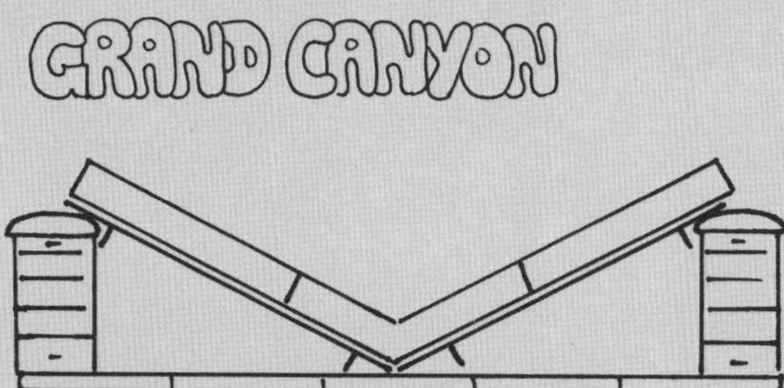

Grand Canyon

2 große Kästen,
6 Bänke,
3 Weichböden,
8–10 Matten.

Sicherheit
Bei Benutzung durch 1- bis 5-jährige Kinder Absicherung der hohen Seiten durch 4 Elternteile.

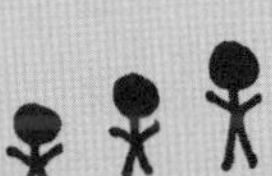

Laufen, springen, klettern, rollen, krabbeln

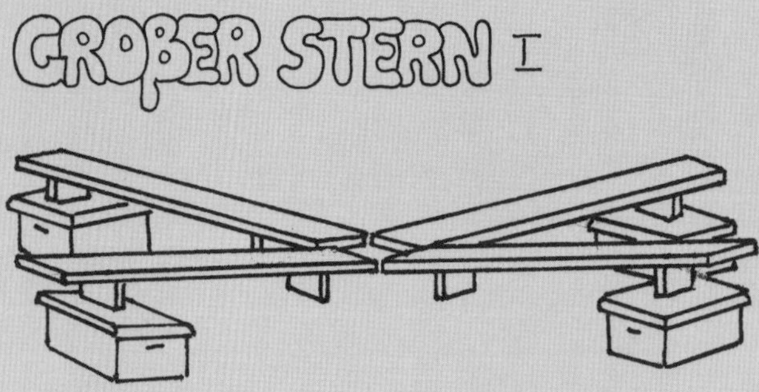

Großer Stern I

4 kleine Kästen,
4 Bänke,
(Matten – nach Bedarf).

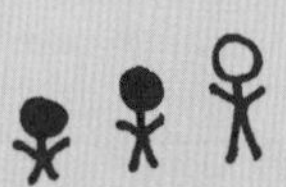

Balancieren, klettern, Arme kräftigen, rutschen

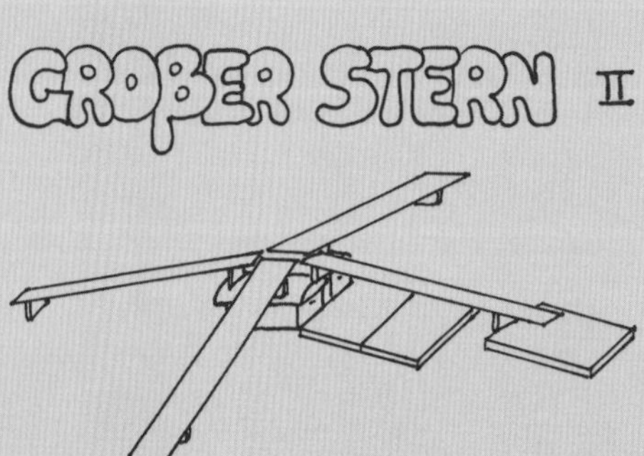

Großer Stern II

4 Bänke,
2 kleine Kästen,
(Matten – nach Bedarf).

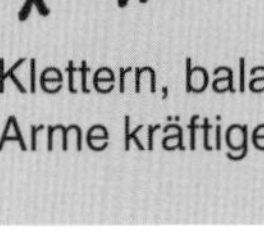

Klettern, balancieren, rutschen, Arme kräftigen

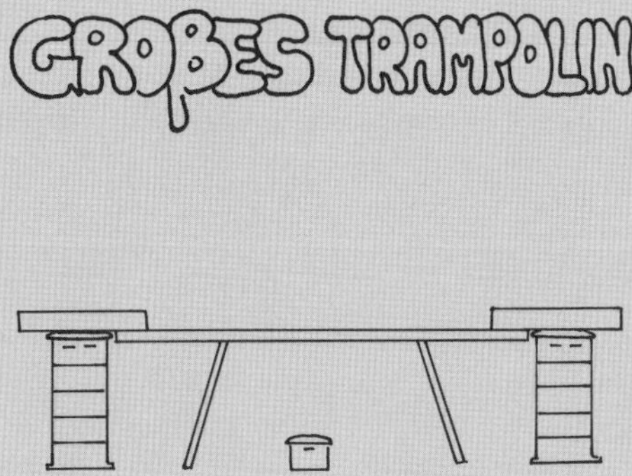

Großes Trampolin

2 große Kästen, 2 Weichböden, 1 großes Trampolin, 1 kleiner Kasten (zum Hinaufklettern).

Sicherheit

- 4 Personen sichern die beiden offenen Seiten des Trampolins.
- Bei Mangel an Sicherungskräften kann eine offene Seite durch einen weiteren großen Kasten und eine Weichbodenmatte gesichert werden.
- Benutzung nur ohne festes Schuhwerk, Benutzung *nicht* barfuß (Zehenverletzung).
- Akrobatische Sprünge *gut* sichern (WS-Verletzungsgefahr!).

Sport- und Spielmöglichkeiten

- Diverse Sprünge, Rollen (→ siehe Literatur ...).
- Rodeo: 1 Person sitzt auf der Spitze einer Keilmatte auf dem Trampolin. 1 andere Person springt, bis der Reiter vom „Pferd“ = Keilmatte fällt.
- 2 Personen springen auf je einer Trampolinseite (abwechselnd), → Zuwurf eines Balles.

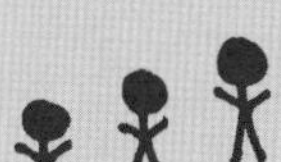

Springen, rollen, Gleichgewicht

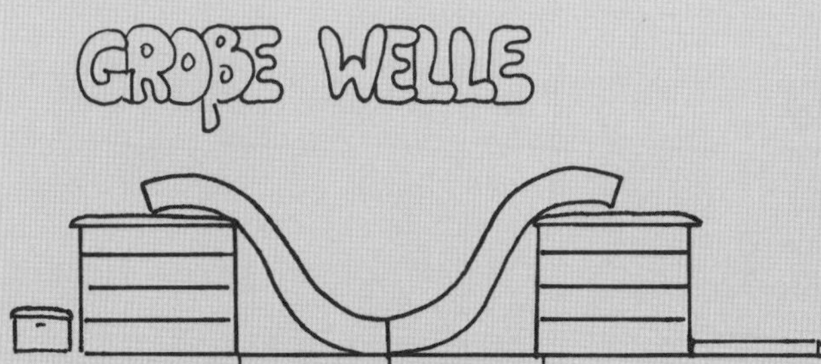

Große Welle

2 große Kästen,
2 Weichböden,
1 kleiner Kasten,
5 Matten,
2–4 Springseile (zum Befestigen der Weichböden am Kasten).

Sicherheit

Bei Benutzung durch 1- bis 5-jährige Kinder Absicherung der hohen Seiten durch 4 Erwachsene.

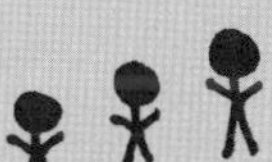

Klettern, rollen, krabbeln, springen

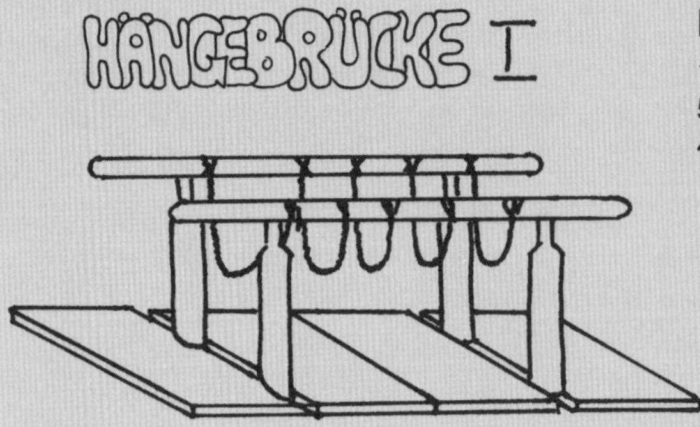

Hängebrücke I

1 Barren,
5–6 Springseile (Rundtörn),
4 Matten.

Klettern, balancieren, schaukeln, halten, stützen

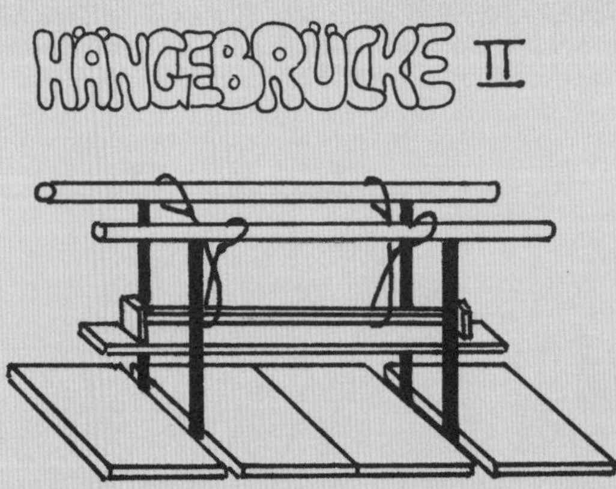

Hängebrücke II

1 Barren
1 Bank
Springseile.

Befestigung
Springseile z. B. mit dem Palstek befestigen, Bank mit Springseilen befestigen, Barrenfüße mit Matten gut abdecken.

Sport- und Spielmöglichkeiten

- Ohne Bank, es werden 10–20 Springseile an die Barrenholme geknotet
- Hexenbarren: die Holme schräg stellen
- Für 1- bis 3-jährige Kinder vorn und hinten kleine Kästen als Kletterhilfe aufstellen
- Aufbau in eine Urwaldgeschichte einbeziehen.

Gehen, balancieren, stützen, schwingen, Gleichgewichtssinn, koordinative Fähigkeiten, Geschicklichkeit

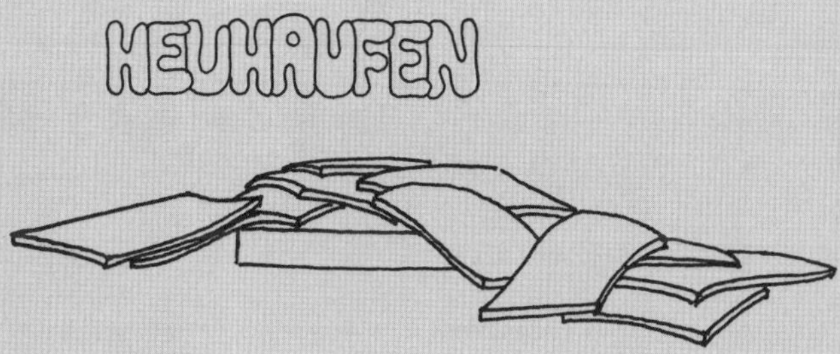

Heuhaufen

Diverse Matten,
Weichböden.

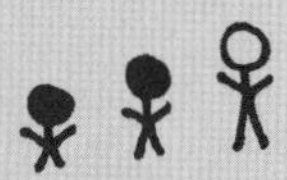

Krabbeln, laufen, springen,
Geschicklichkeit

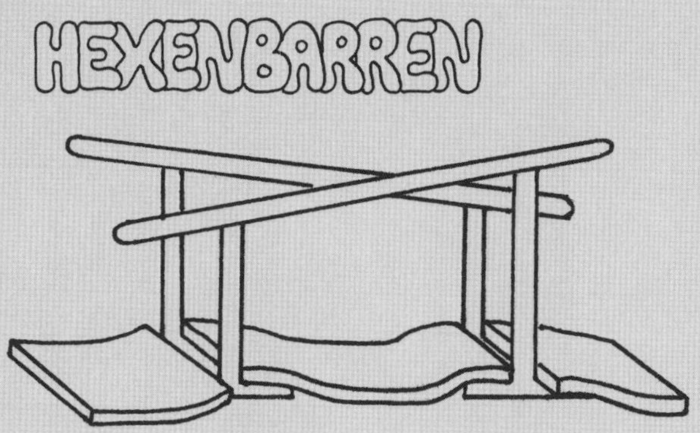

Hexenbarren

1 Barren, Holme über Kreuz verschieden hoch gestellt,
3–4 Matten.

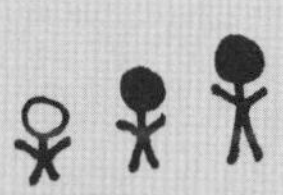

Klettern, balancieren, halten, kräftigen,
schaukeln

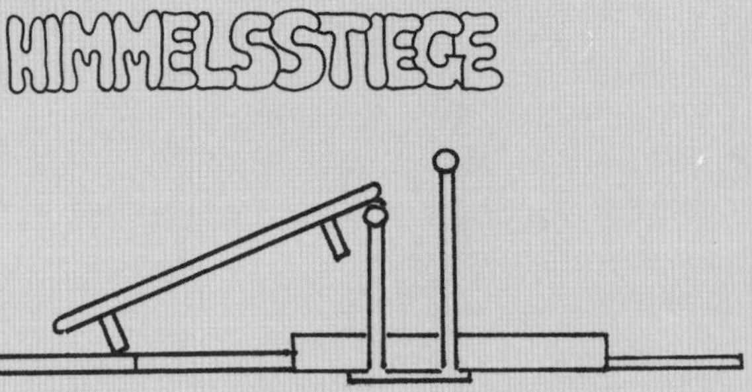

Himmelsstiege

1 Barren (stufig gestellt),
1–2 Bänke (am niedrigen Holm eingehängt),
1 Weichboden (unter den Barren gelegt),
3 Matten.

Klettern, hängen, springen, stützen

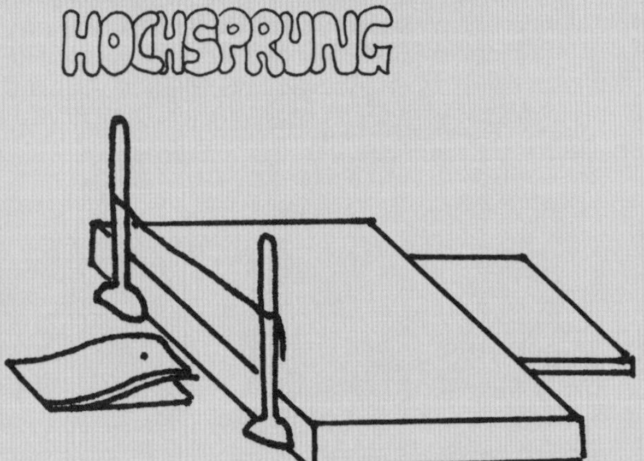

Hochsprung

1 Rheuterbrett,
2 Malstangen,
1 Springseil,
1 Weichboden,
1 Matte.

Sicherheit
Bei Benutzung dieser Anlage durch größere Personen: Veränderung des Aufbaus, indem die Fallhöhe reduziert wird. (Bsp.: 3 Bänke unter den Weichböden.)

Springen, antizipieren

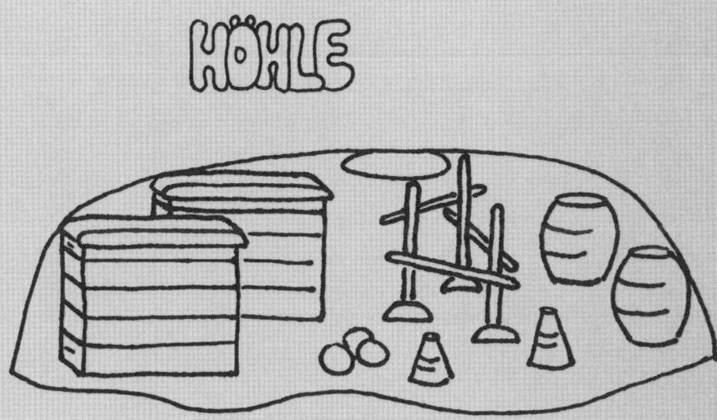

Höhle – Bewegungsbaustelle

- Diverse Klein- und Großgeräte frei von den Kindern kombinieren lassen (z. B. kleine Kästen, große Kästen, blaue Tonnen, Malstangen, Hütchen ...).
- Alles überdecken mit einem großen bunten Schwungtuch.

Sicherheit
ÜL überprüft den Aufbau bezüglich Gefahrenquellen.

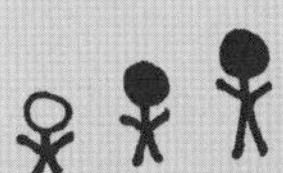

Bauen, kriechen, Kreativität, Erlebnis, autonomes Handeln

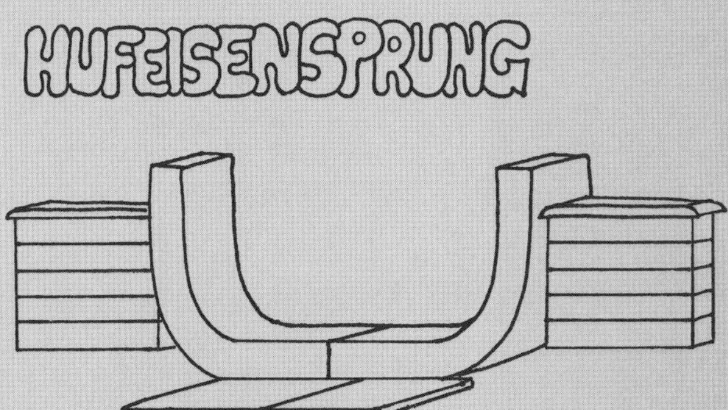

Hufeisensprung

2 große Kasten,
(1 kleiner Kasten) zum Hinaufklettern auf den großen Kasten,
2 Weichböden,
4 Matten.

Sicherheit
Bei Benutzung durch 1- bis 5-jährige, 2 Eltern.

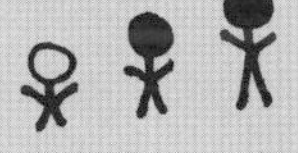

Klettern, springen, halten, rutschen

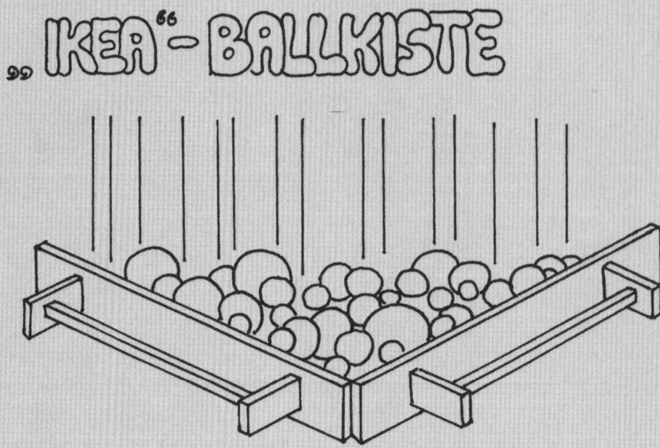

„Ikea"-Ballkiste

2 Bänke oder 1 Bank, 1 Hallenwand (zur Begrenzung) oder 1 Hallenecke, diverse Bälle verschiedener Größe.

Sicherheit

Falls genügend Matten vorhanden sind, können die Bänke damit abgedeckt werden (Absicherung der harten Kanten bei Benutzung durch 1- bis 3-jährige Kinder).

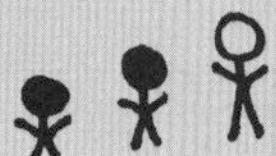

Freies Spiel, Ballgefühl, Sensomotorik

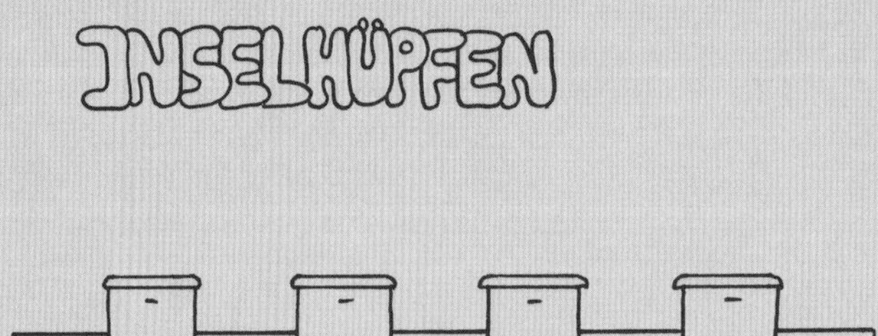

Inselhüpfen

3–6 kleine Kästen, 4–7 Matten (wenn vorhanden).

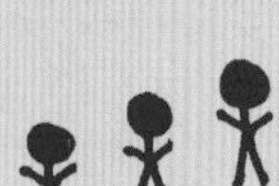

Springen, balancieren, laufen, klettern

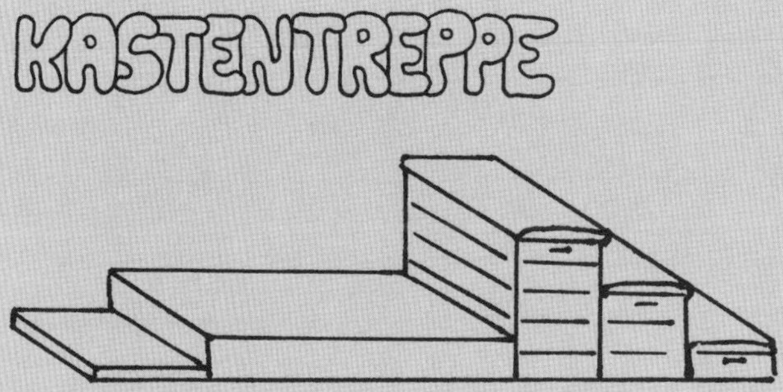

Kastentreppe

3 große Kästen (in ansteigender Höhe),
1 Weichboden,
1 Matte.

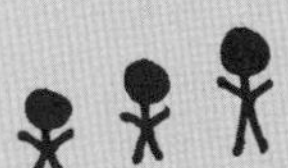

Klettern, springen

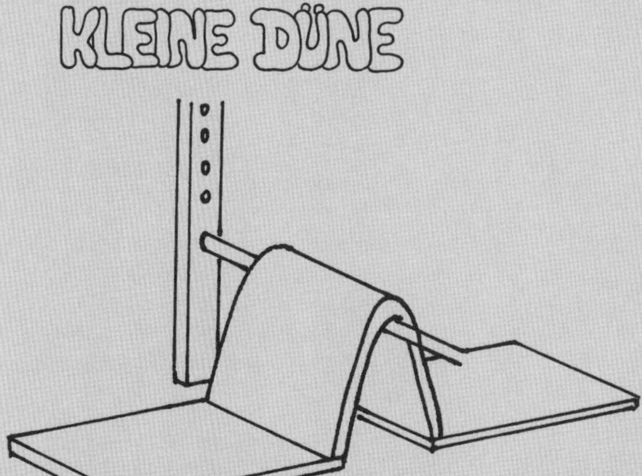

Kleine Düne

1 Reckanlage mit
1 Reckstange
(Höhe ca. 60–80 cm),
3 Matten.

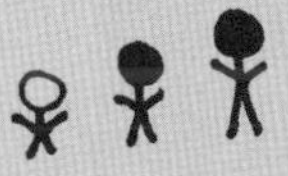

Klettern, stützen, rollen

KLETTERSCHLUCHT

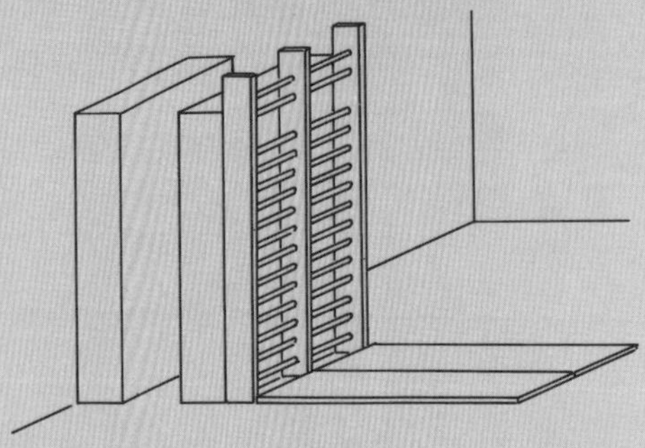

Kettern, halten, Kraft, Koordination, Mut, Geschicklichkeit, Ganzkörpereinsatz

Kletterschlucht

Gitterwand oder Sprossenwand oder Kletterstangen

2 Weichböden (einteilig),
2 Springseile zum Befestigen des Weichböden an der Gitter- oder Sprossenwand,
2 Springseile werden als Kletterhilfe an der obersten Reihe der Gitter- oder Sprossenwand befestigt.

Sicherheit
Sicherheits- und Hilfestellung an der offenen Seite der Kletterschlucht.

Sport- und Spielmöglichkeiten
Dieser Aufbau ist gut geeignet für eine „Reise ins Abenteuerland" zum Thema: Dschungelabenteuer oder Hochgebirgsklettertour.

KLETTERWAND

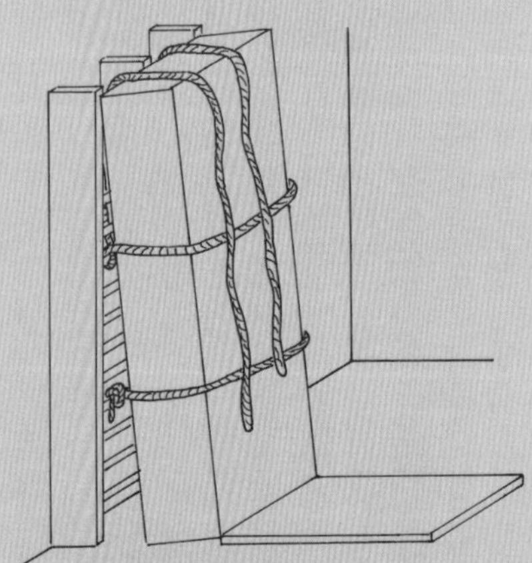

Halten, klettern, kräftigen, Wagnis

Kletterwand

Sprossenwand,
1 Weichboden (hochkant an die Sprossenwand gelehnt),
1 kleiner Kasten,
1 Matte,
2 Springseile (zur Befestigung der Matte an der Sprossenwand),
1 Ziehtau oder 2–3 Springseile (als Kletterhilfe oberhalb der Kletterwand – obere Sprosse von der Sprossenwand – befestigen).

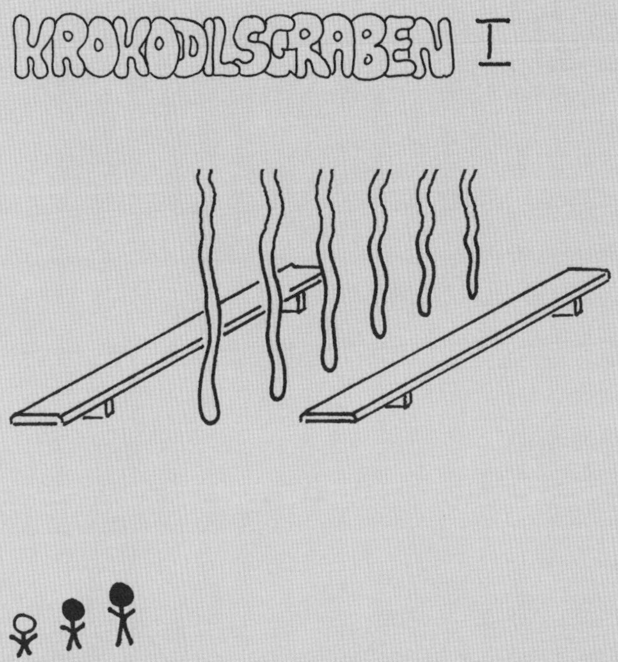

Krokodilsgraben I

6 Klettertaue,
2 Bänke.

Halten, schwingen, klettern, balancieren

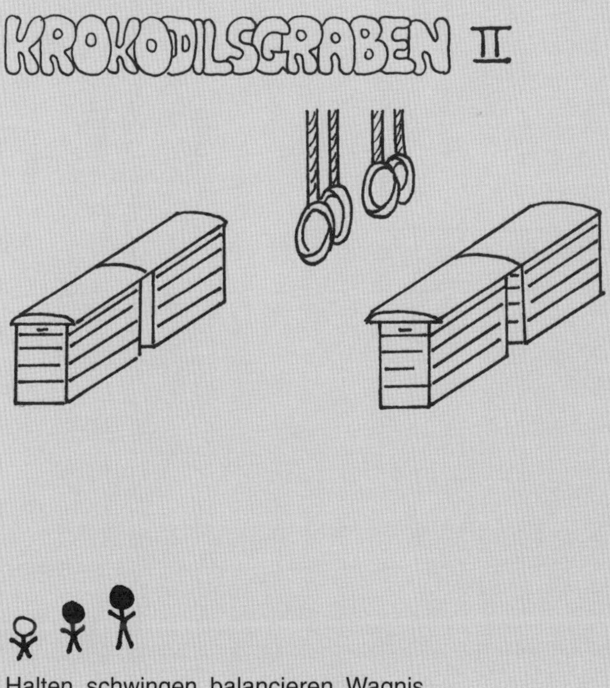

Krokodilsgraben II

4 große Kästen
(oder Pferd oder Bock),
2 Paar Schaukelringe.

Halten, schwingen, balancieren, Wagnis

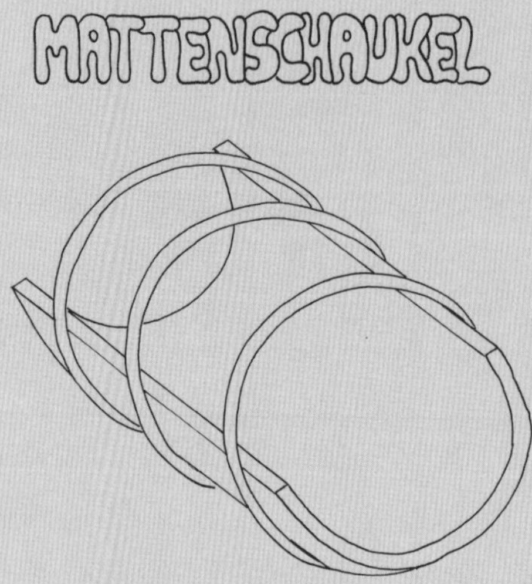

Mattenschaukel

1 Matte,
3 Holzreifen.

Schaukeln, rollen, krabbeln,
Gleichgewichtssinn

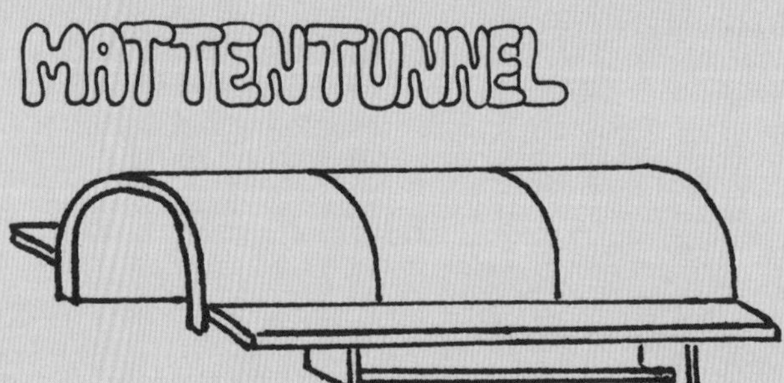

Mattentunnel

2 Bänke,
3 Matten,
2 Springseile (als Verbindung zwischen den Bänken, damit sie nicht auseinander gedrückt werden).

Kriechen, freies Spiel, Wagnis

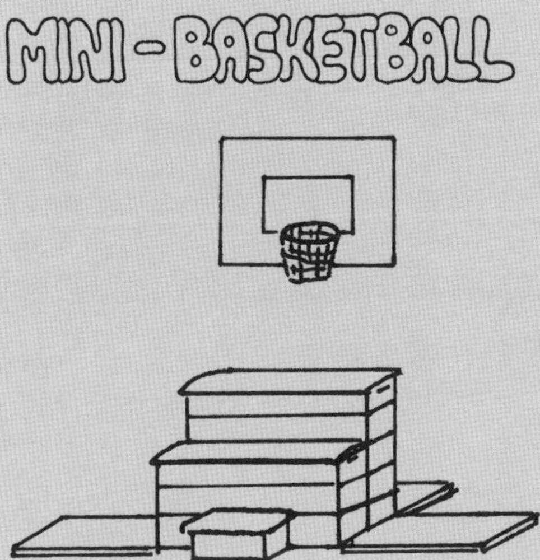

Mini-Basketball

3 große Kästen (ansteigender Höhe) oder
2 große Kästen,
1 kleiner Kasten,
1 Basketball,
1 Basketballkorb
(evtl. Matten).

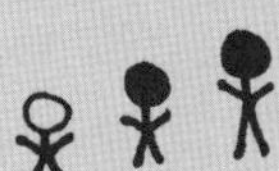

Klettern, werfen, fangen, antizipieren, differenzieren

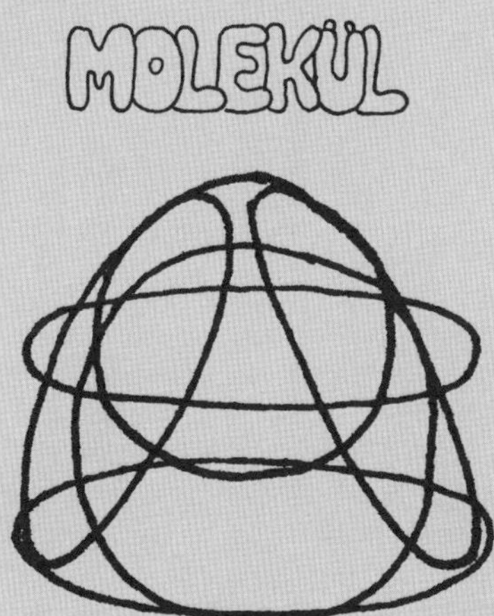

Molekül

6 Reifen, die sich gegenseitig stützen und ein kugelförmiges Gebilde darstellen.

Aufbau:

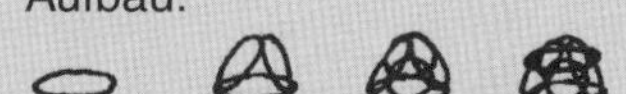

Sport- und Spielmöglichkeit
Hindurchkriechen, ohne dass das Gebilde zusammenfällt.

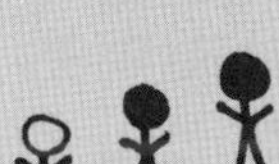

Kriechen, Geschicklichkeit

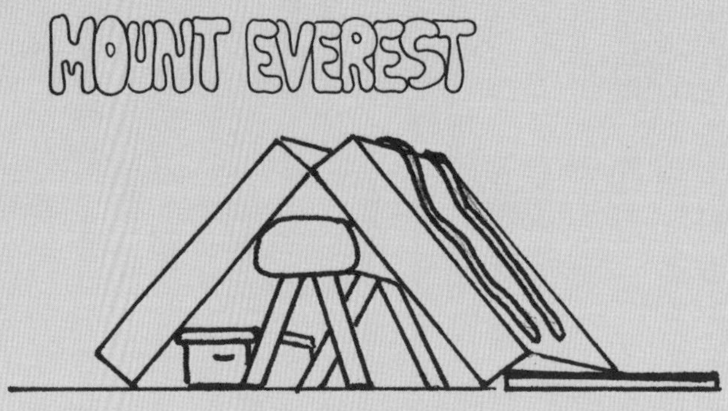

Mount Everest

1 Pferd,
1 faltbarer Weichboden
(evtl. 1 Kastendeckel),
2 Matten,
2 Springseile (zum Hochziehen, an den Haltegriffen der Weichbodenmatte zu befestigen).

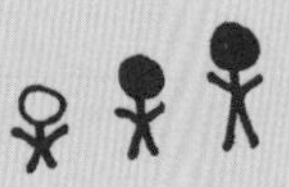

Halten, klettern, kräftigen, rutschen

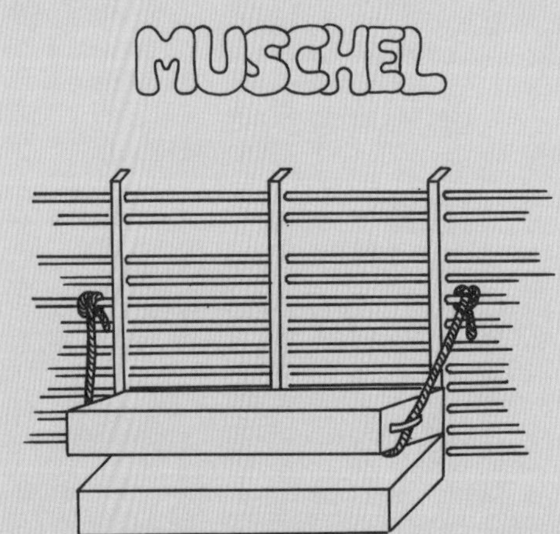

Muschel

1 klappbarer Weichboden,
1 dickes Tau,
(evtl. kleine Bälle oder Murmeln).

Sicherheit

Tau an der Sprossenwand beidseitig befestigen (Webeleinstek), sodass der Weichboden leicht geöffnet ist.

Sport- und Spielmöglichkeiten

- je nach Alter oder Anlass: Tennisbälle, Murmeln oder Süßes in der Muschel verstecken (=Perle),
- Ältere Kinder stemmen die obere Hälfte des Weichbodens gern mit den Füßen und Beinen nach oben („Beinpresse"),
- Mehrere Kinder stemmen Matte mit den Beinen nach oben andere (kleinere?) Kinder liegen auf der Oberseite, werden auf- und abbewegt. Gut festhalten! (evtl. weitere Absicherung durch hochkant gestellte Matte an der Sprossenwand).

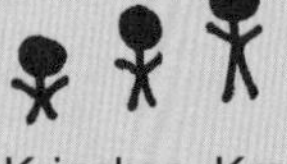

Kriechen, Kraft, Sensumotorik,
Spiel und Spaß

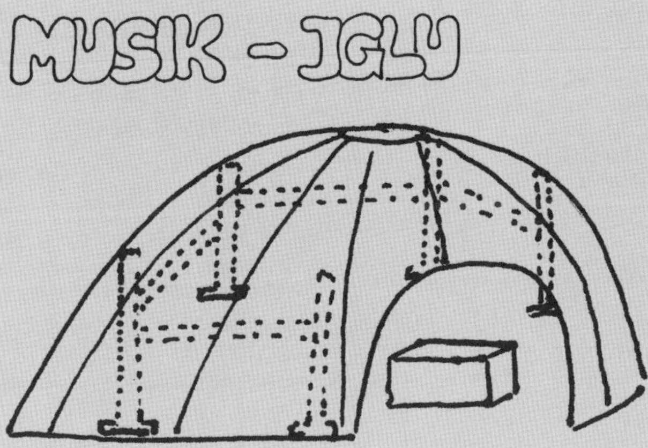

Musik-Iglu

Malstangen,
große Kästen (oder andere große Geräte),
Schwungtuch,
Kiste mit Musikinstrumenten (Klanghölzer, Tambourin, Schellenkränze, Triangel, Rasseln, Holzblocktrommeln ...).

Kriechen, Feinmotorik, Rhythmik, Erlebnis

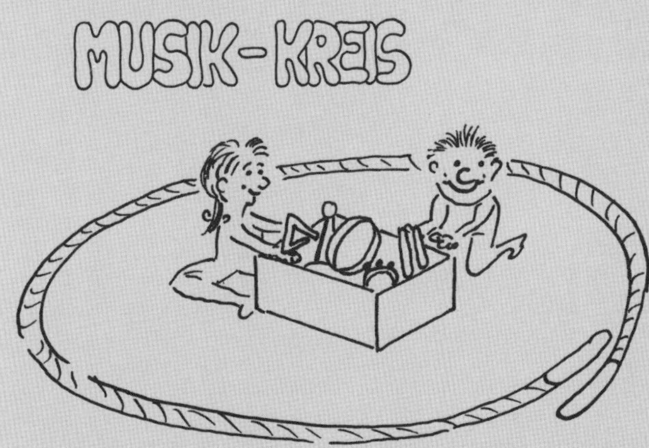

Musik-Kreis

1 Ziehtau (zur Begrenzung),
1 Kiste mit Musikinstrumenten (Klanghölzer, Tambourin, Schellenkränze, Triangeln, Rasseln, Holzblocktrommeln ...).

Rhythmusgefühl, Kreativität, Feinmotorik

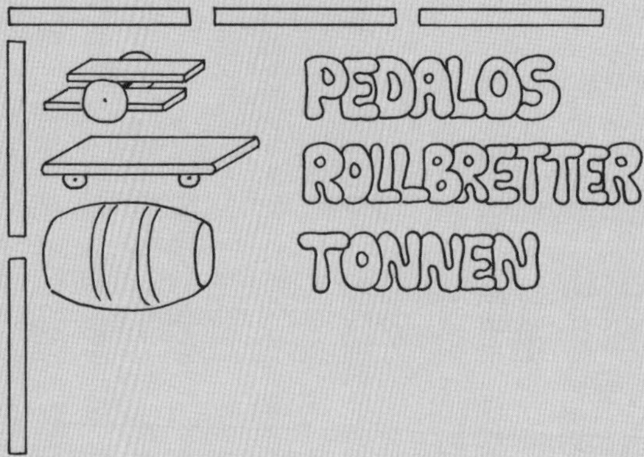

Pedalos, Rollbretter, Tonnen

Diverses Jonglier- und Balanciermaterial:

Pedalos,
Rollbretter,
Tonnen,
Stelzen,
Balancierrollen,
Balancierbälle,
Jonglierteller,
Jonglierbälle,
Jonglierkeulen.

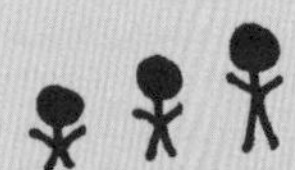

Balancieren, rollen, Gleichgewichtssinn, freies Spiel

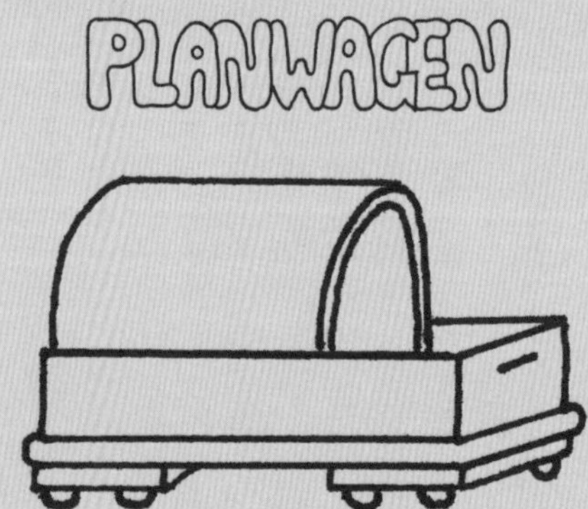

Planwagen

2 Rollbretter,
1 Kastendeckel,
1 Matte,
1 Springseil (zum Ziehen).

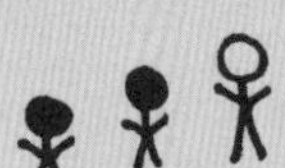

Freies Spiel, Erlebnis

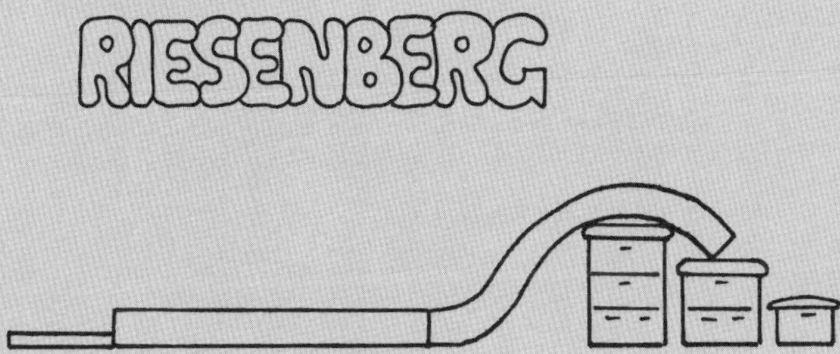

Riesenberg

3 Kästen ansteigender Höhe,
2 Weichböden,
1 Matte,
4 Springseile (zum Befestigen der Matten untereinander und am Kasten).

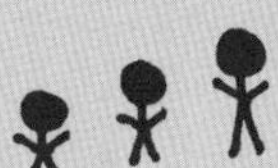

Klettern, springen, rollen

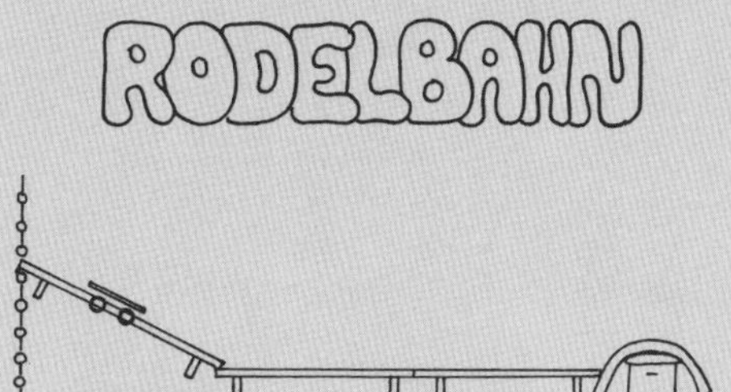

Rodelbahn

3–4 Bänke,
1 Spezialrollbrett
(das auf den Bänken rollt),
1 kleiner Kasten,
1 Matte.

Sicherheit

- 1 Erwachsener überwacht den Betrieb auf der Rollbahn und assistiert beim Start und evtl. Landung, gibt Sicherheitsstellung (Oberarmgriff, Kontakt zum Rollbrett).
- Seitliche Abgrenzung dieses Aufbaus durch Zäune oder Hütchen ist empfehlenswert (Gefahr, dass jemand auf den Bänken sitzt/balanciert etc. während des Rollbetriebes). Insbesondere im Familiensport: Gefahr für 1- bis 3-jährige Kinder!!!
- Lückenlosen Aufbau der Bänke überprüfen!

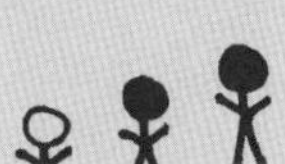

Halten, Körperspannung, Wagnis, Erlebnis

ROLLENDE BANK

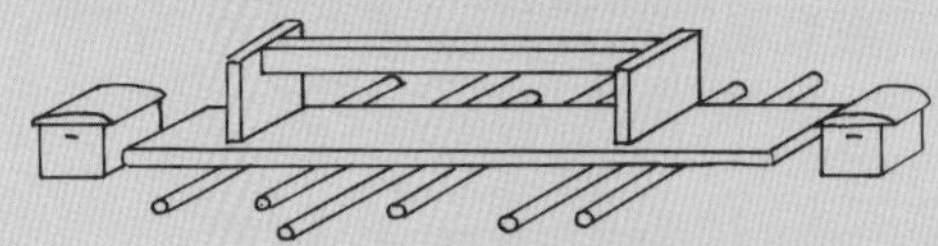

Rollende Bank

2 kleine Kästen,
1 umgedrehte Bank,
8–15 Gymnastikstäbe.

Sicherheit

Benutzung im Sitzen: 1- bis 3-jährige, 4- bis 6-jährige, Benutzung durch Balancieren: 7- bis 99-jährige (Sicherheitsstellung!).

Sport- und Spielmöglichkeit

1 Person bewegt die Bank, auf der andere sitzen.
1 Person balanciert allein auf der rollenden Bank von einem Ende zum anderen Ende.

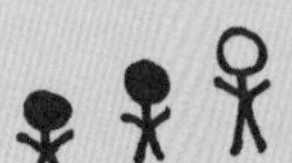

Halten, balancieren, Gleichgewicht

ROLLENDE MATTE

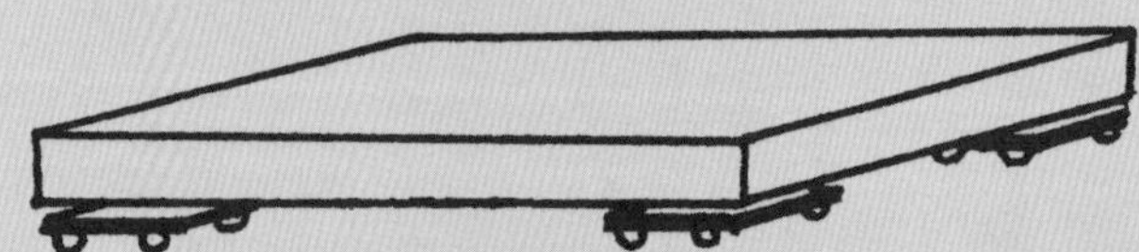

Rollende Matte

1 Weichboden,
5 Rollbretter.

Sport- und Spielmöglichkeit

- Mehrere Personen schieben die Matte innerhalb einer markierten/festgelegten Zone hin und her, während andere darauf sitzen oder liegen.
- Karussellbetrieb.

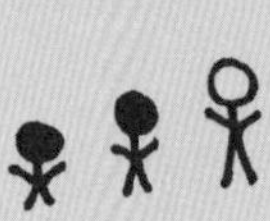

Freies Spiel, Phantasie, Kreativität

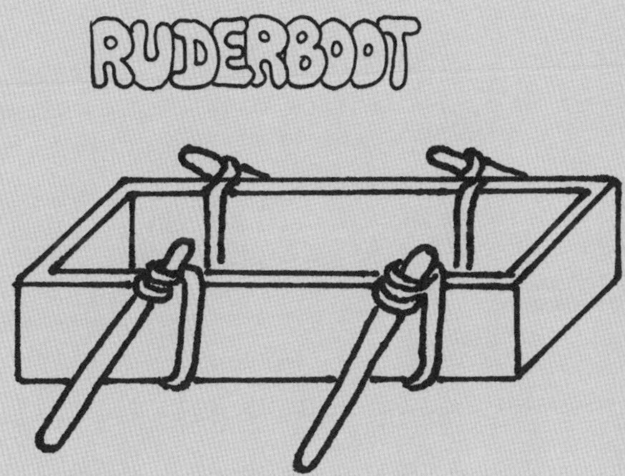

Ruderboot

1 Kastenteil,
4 Gymnastikstäbe oder Keulen,
4 Springseile (zum Befestigen der Stäbe am Kasten).

Freies Spiel, Phantasie

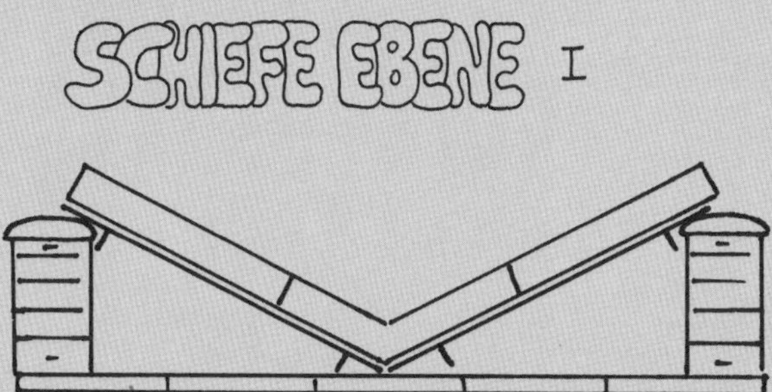

Schiefe Ebene I – an kleinen Kästen

1 kleiner Kasten,
1 großer Kasten (2 Kastenteile),
1 Weichboden,
1 Matte,
2 Springseile (zum Befestigen des Weichbodens).

Klettern, rollen, krabbeln, springen

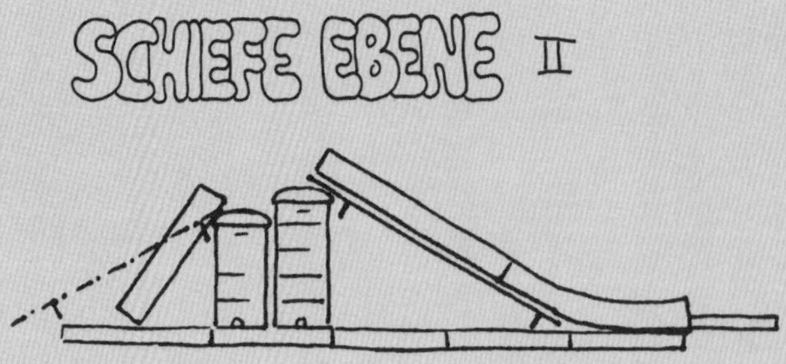

Schiefe Ebene II –
am Kasten

2 große Kästen,
3–4 Bänke,
2–3 Weichböden,
6–10 Matten.

Sicherheit
Bei Benutzung durch 1- bis 5-jährige Kinder → Sicherheitsstellung durch 2 Erwachsene an den hohen Seiten.

Klettern, halten, krabbeln, rollen, laufen

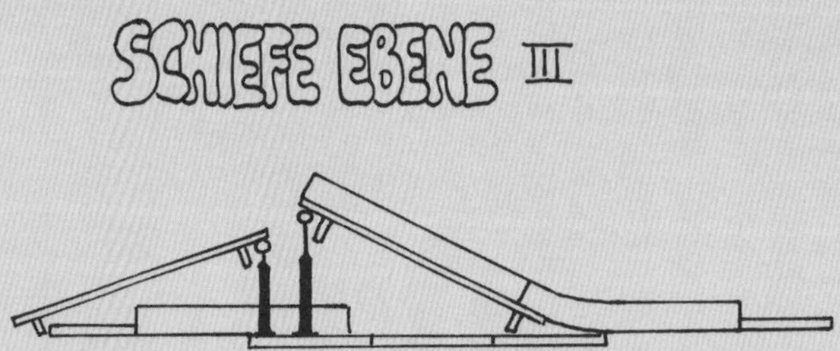

Schiefe Ebene III –
am Stufenbarren

1 Stufenbarren,
4–5 Bänke,
2–3 Weichböden,
8–10 Matten,
4 Springseile (zum Befestigen der Weichböden).

Sicherheit
Bei Benutzung durch 1- bis 5-jährige Kinder → Sicherheitsstellung durch 2 Erwachsene an den hohen Seiten.

Rollen, klettern, balancieren, krabbeln, springen

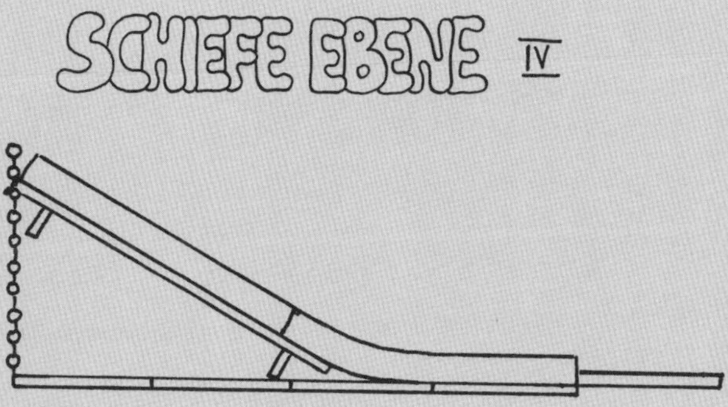

Schiefe Ebene IV –
an der Sprossenwand

3 Bänke,
1 Sprossenwand,
2 Weichböden,
~7 Matten.

Sicherheit
Bei Benutzung durch 1- bis 5-jährige Kinder → Sicherheitsstellung durch 2 Erwachsene an den hohen Seiten.

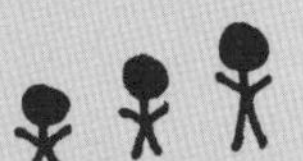

Klettern, rollen, springen, krabbeln, laufen

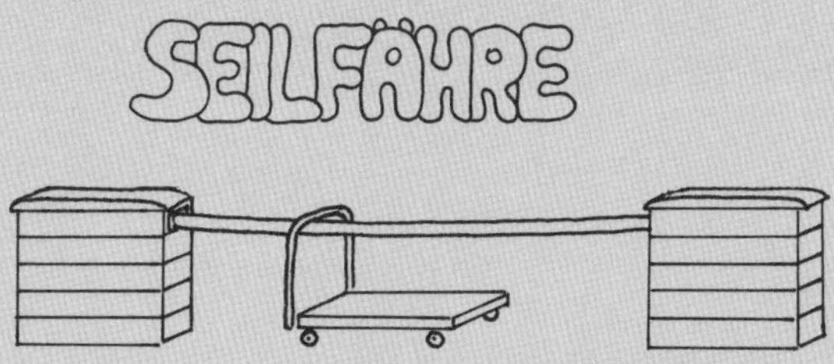

Seilfähre

2 große Kästen,
1 Ziehtau,
1 Mattenwagen mit 1 Matte.

Sport- und Spielmöglichkeit
Mehrere Kinder/Erwachsene sitzen auf dem Mattenwagen = Fähre und ziehen sich an dem Tau von einer Anlegestelle zur anderen.

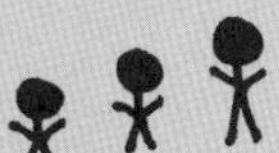

Kräftigung, freies Spiel, Interaktion von Kindern und Erwachsenen

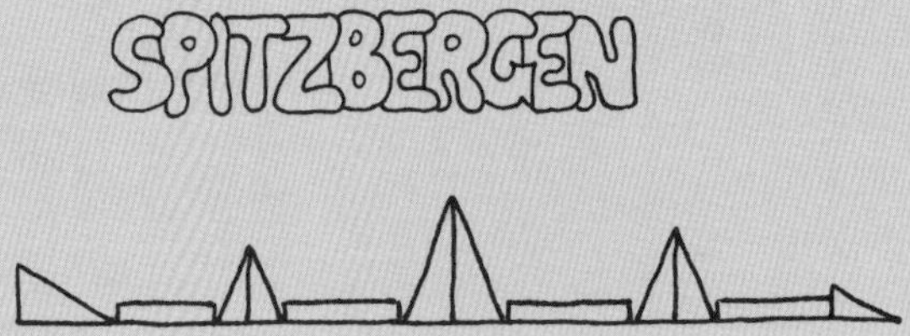

Spitzbergen

Diverse Keilmatten
Diverse Matten
} beliebig kombinieren.

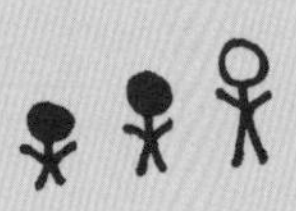

Laufen, klettern, halten, kräftigen, rollen

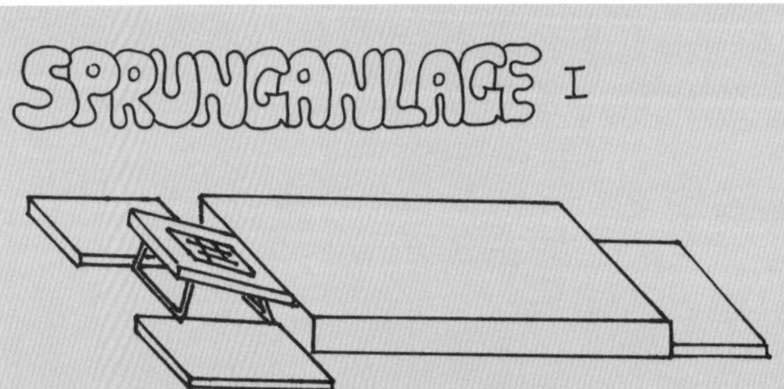

Sprunganlage I

1 Minitrampolin
- für 1- bis 6-jährige Kinder mit Neigung zum Weichboden,
- für 7- bis 99-jährige mit Steigung zum Weichboden,

1 Weichboden,
1–3 Matten.

Sicherheit
1 Erwachsener seitlich neben dem Minitrampolin.

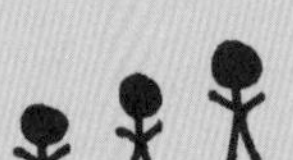

Springen, rollen, fliegen, Gleichgewicht

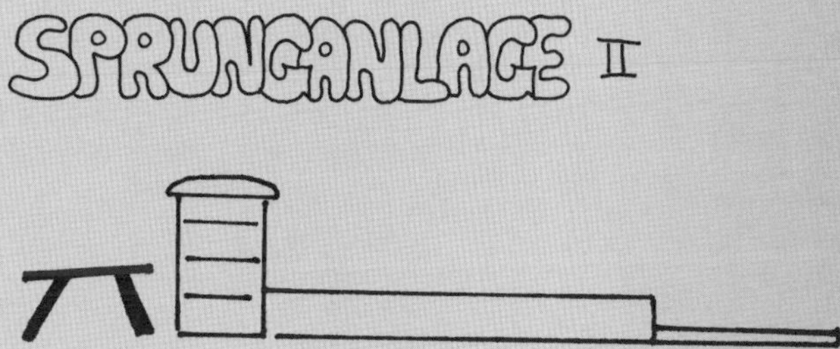

Sprunganlage II

1 Minitrampolin,
1 Kasten (je nach Alter/ Größe der Kinder reduziert),
1 Weichboden,
1 Matte.

Sicherheit
1 Erwachsener neben dem Minitrampolin.

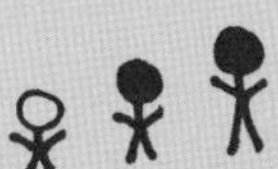

Springen, fliegen

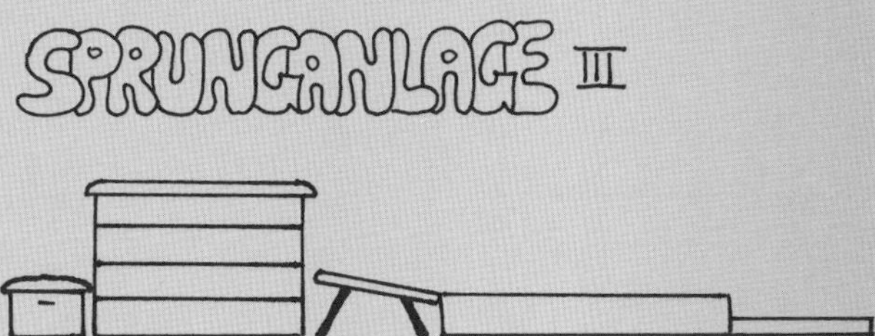

Sprunganlage III

1 kleiner Kasten,
1 großer Kasten (evtl. reduziert um 1–3 Teile),
1 Minitramp (mit Neigung zum Weichboden),
1 Weichboden,
1 Matte.

Sicherheit
1 Erwachsener neben dem Minitramp.

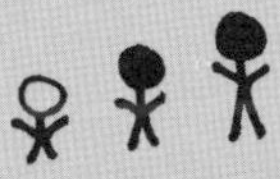

Klettern, springen, rollen, fliegen

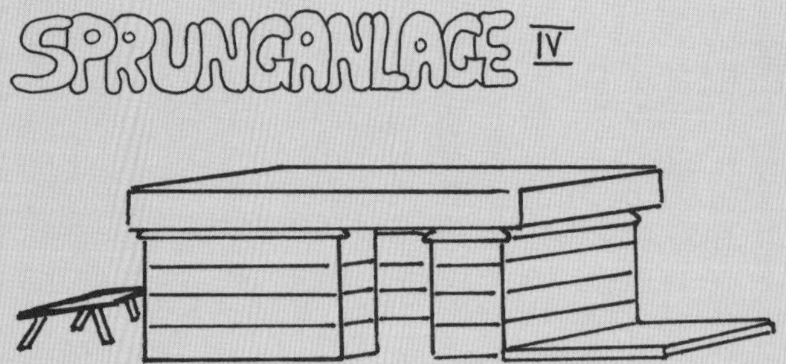

Sprunganlage IV

1 Minitrampolin,
3 große Kästen (in U-Form aufgestellt)
Anzahl der Kastenteile
≙ Größe/Alter der Kinder:
1- bis 3-jährige
= 2 Kastenteile,
3- bis 6-jährige
= 3–4 Kastenteile,
7- bis 99-jährige
= 4–5 Kastenteile.
1 Weichboden (oben auf die Kästen legen),
1 Matte.

Sicherheit
1 Erwachsener seitlich neben dem Minitramp.

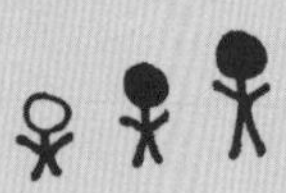

Springen, rollen, fliegen

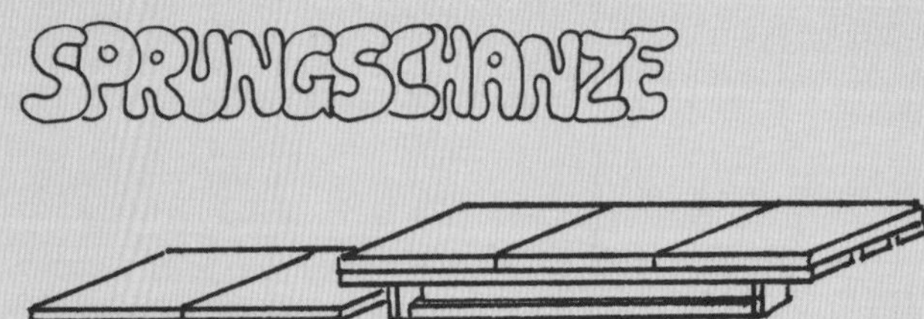

Sprungschanze

3 Bänke,
5 Matten.

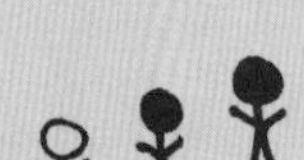

Springen, rollen, stützen

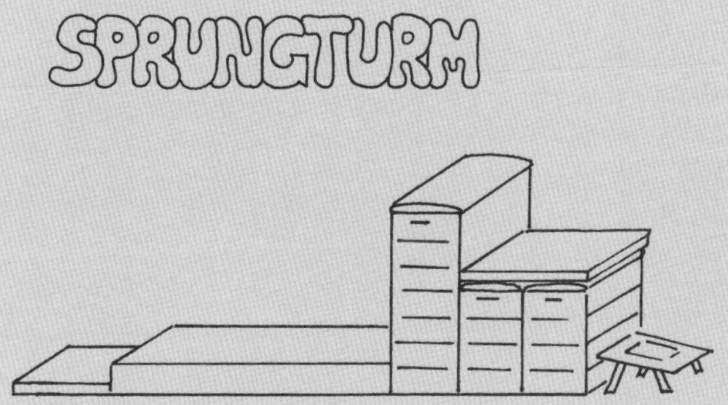

Sprungturm

3 große Kästen (einer davon besonders hoch),
1 Minitrampolin,
1 Weichboden,
1 Matte (auf den niedrigen Kästen),
1 Matte (hinter dem Weichboden).

Sicherheit

1 Erwachsener neben dem Minitramp.

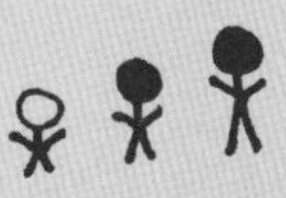

Klettern, springen, fliegen, Wagnis, Erlebnis

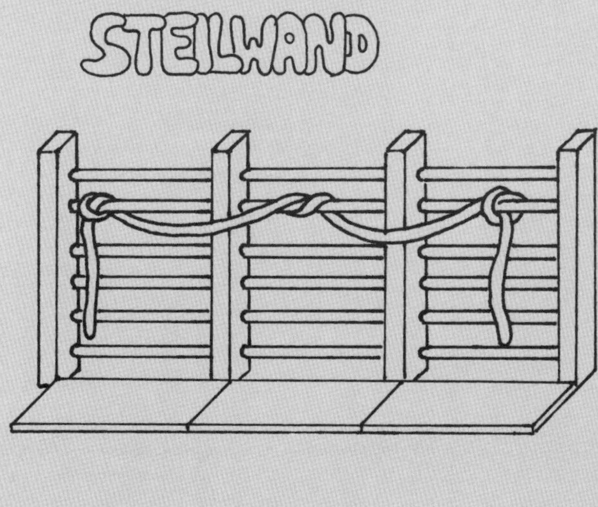

Steilwand

Sprossenwand,
Ziehtau.

Spielmöglichkeit

- „Überwinde die Steilwand, ohne den Boden zu berühren."
- Wie oben, aber per Stoppuhr Zeit nehmen.

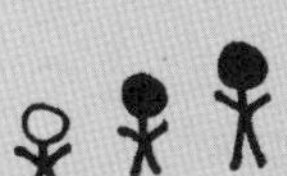

Klettern, halten, kräftigen, Wagnis

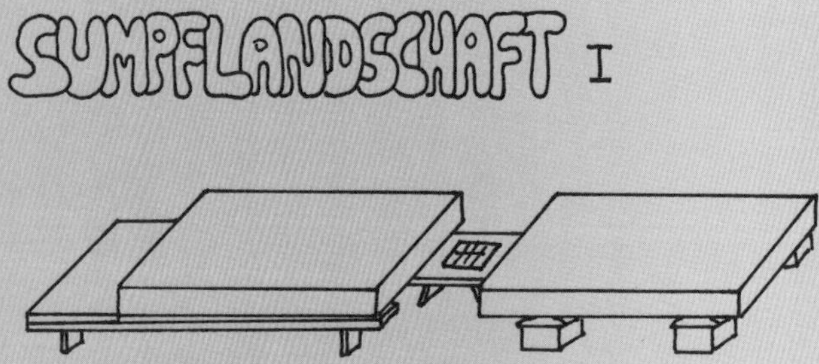

Sumpflandschaft I

3 Bänke,
4 kleine Kästen,
1 Minitrampolin,
2 Weichböden,
1 Matte.

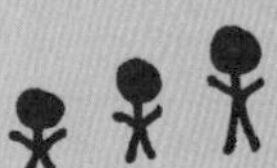

Laufen, springen, fliegen, rollen

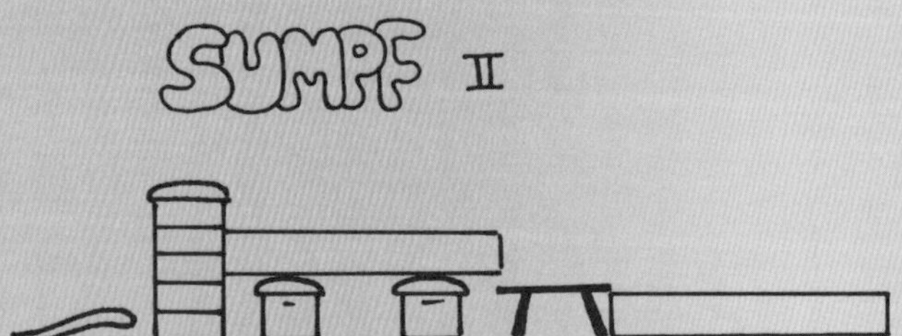

Sumpf II

1 Sprungbrett,
1 großer Kasten,
4 kleine Kästen,
2 Weichböden,
1 Minitrampolin.

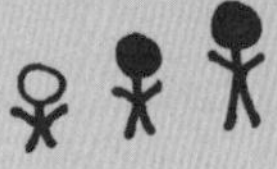

Springen, rollen

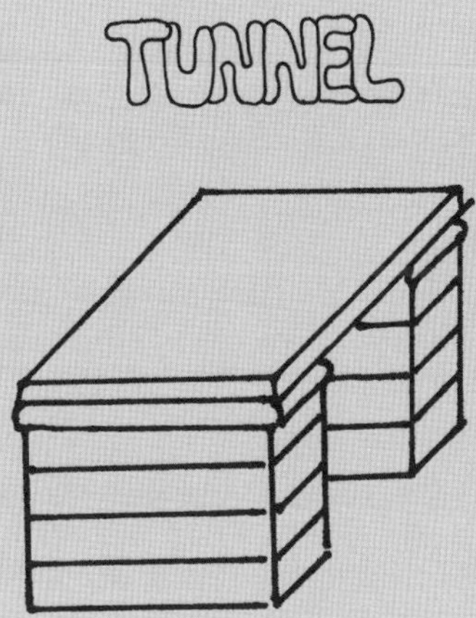

Tunnel

2 große Kästen (eventuell reduziert),
1 Matte.

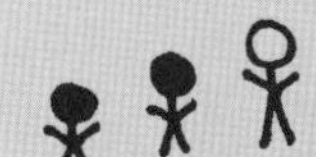

Kriechen, freies Spiel, Phantasie

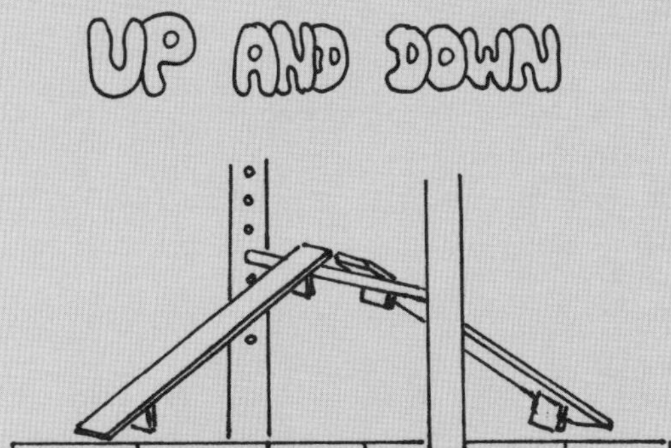

Up and Down

1 Reckanlage,
2 Bänke,
3–5 Matten.

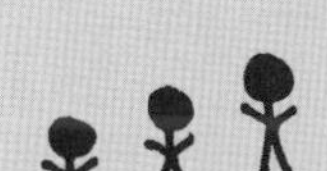

Klettern, halten, kräftigen, rutschen

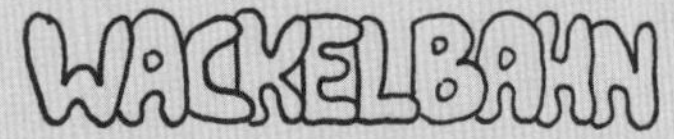

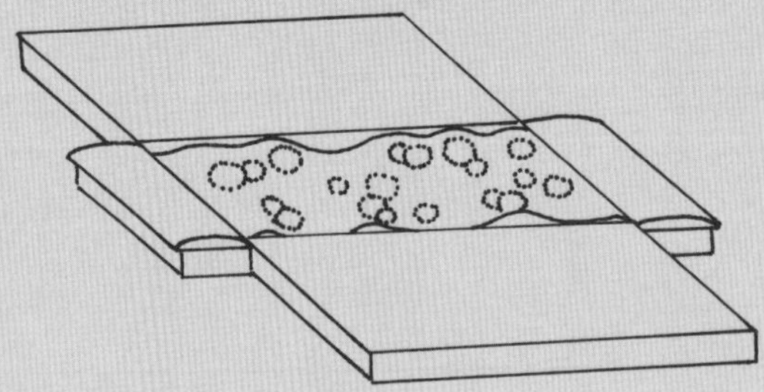

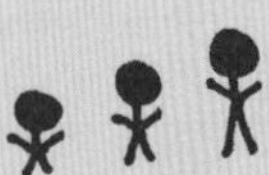

Balancieren, Reaktionsschnelligkeit

Wackelbahn

2 Weichböden,
2 Kastendeckel (oder 4 kleine Kästen),
diverse Bälle (verschiedener Größe),
1 Bodenturnbahn (über die Bälle legen).

Sport- und Spielidee

- Mattenrodeo:
  4 Personen ziehen und schieben an 4 Ecken der Bodenturnbahn, 2–4 Personen sitzen auf der Bodenbahn.
- Tigerentenrodeo:
  1 Erwachsener befindet sich im Vierfüßlerstand auf der Bodenbahn. 1 Kind sitzt auf seinem Rücken. Andere Erwachsene ziehen und schieben an den 4 Ecken der Matte bis das Kind vom Rücken fällt (ungefährlich!) Auch mit Schülern zu spielen!

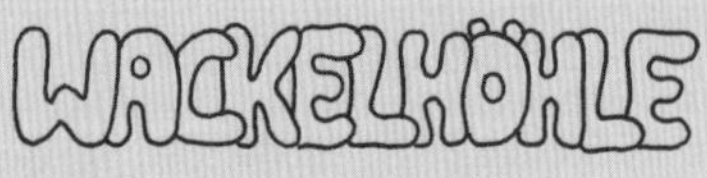

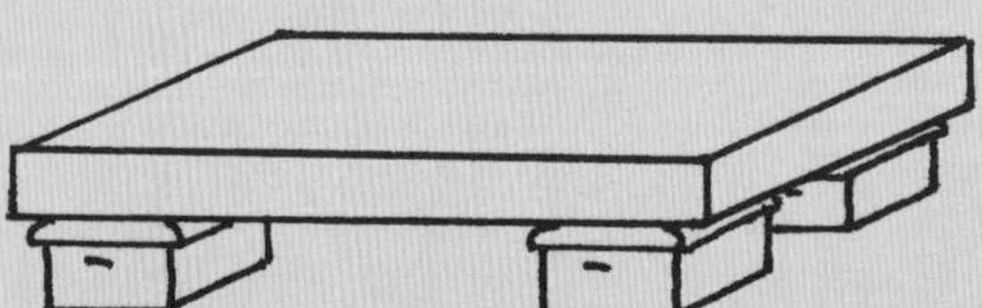

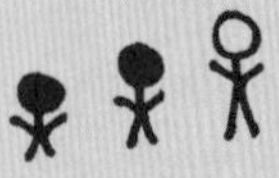

Springen, kriechen

Wackelhöhle

4 kleine Kästen,
1 Weichbodenmatte.

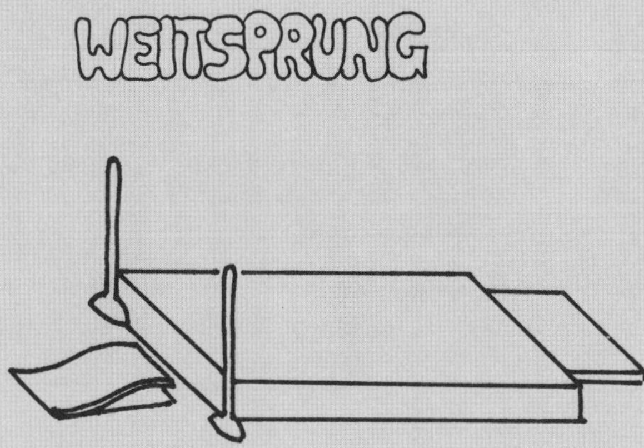

Weitsprung

1 Sprungbrett,
1 Weichboden,
1 Matte.

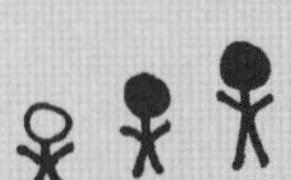

Laufen, springen

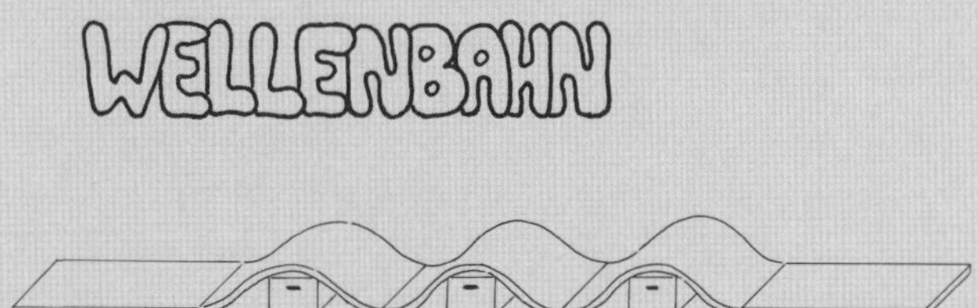

Wellenbahn

3–5 kleine Kästen,
5–7 Matten.

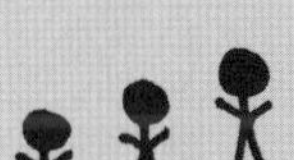

Laufen, springen, klettern, rollen

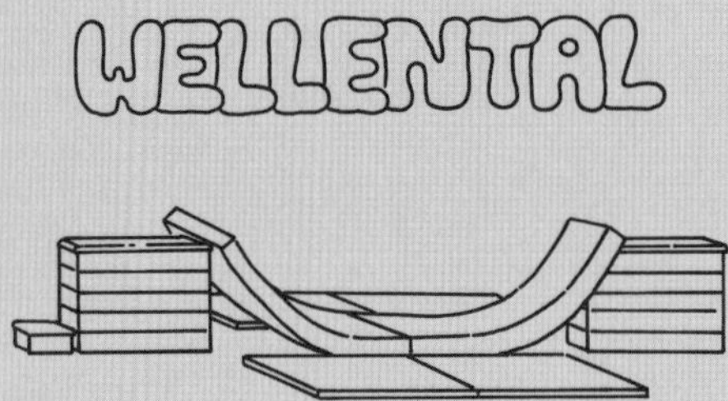

Wellental

2 große Kästen,
2 feste Weichböden,
1–2 kleine Kästen,
4 kleine Matten,
4 Springseile (nach Bedarf, zur Befestigung der WB).

Sicherheit
Die Weichböden mit Springseilen am Kasten befestigen.

Sport- und Spielmöglichkeiten
- Einüben von Rollenbewegungen (Rolle vorwärts, Rolle rückwärts, Flugrolle, Salto),
- Aufbau einfügen in die Thematik Reise ins Abenteuerland: „Pirateninsel“ oder „Reise über's Meer“.

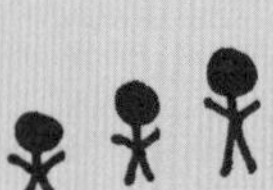

Klettern, springen, rollen, Kraft, Mut

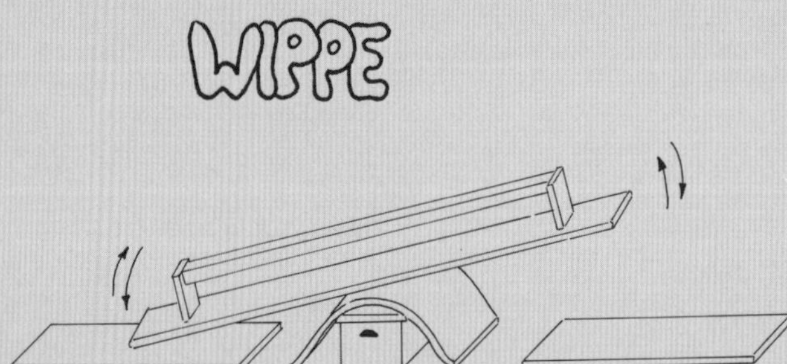

Wippe

1 kleiner Kasten (oder 1 Kastendeckel),
1 Matte darüber,
1 Bank,
2 Matten.

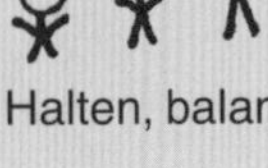

Halten, balancieren

3 Planung einer Bewegungs-, Spiel- und Sportstunde

3.1 Allgemeine Voraussetzungen

Turnhalle

Die Größe der Halle und die in ihr festinstallierten Geräte (z. B. Reck, Taue, Sprossenwände) bilden den Ausgangspunkt für die Planung. Die Zahl der Sporttreibenden bestimmt die Anzahl der Stationen.

Eine „normale" Schulturnhalle lässt bei max. 60 Personen eine Maximalauslastung mit bis zu 8 Übungsstationen zu. Eine „Dreifachsporthalle" (wie z. B. die TU Sporthalle in der Waldschulallee in Berlin (Maße 30/50 m) fasst eine Kapazität bis zu 200 Personen, die an max. 12 Stationen gleichzeitig Sport treiben.

Es gibt Stationen mit einer hohen Bewegungsintensität und intensiver Stationsintensität (z. B. Airtramp, schiefe Ebene), d. h. viele Personen nutzen das Gerät gleichzeitig.

Andere Stationen besitzen einen hohen Aufforderungscharakter mit geringer Bewegungsintensität (z. B. Rodelbahn). Weiterhin gibt es Stationen, die für Einzelne eine hohe Bewegungsintensität bei gleichzeitig hohem Platzanspruch haben, was auf Kosten der restlichen Sporttreibenden geht, da ihnen weniger Raum zur Verfügung steht (z. B. Badminton, großes Trampolin).

Der Aufbau dieser letztgenannten Stationen ist dennoch gerechtfertigt, solange er nicht die restlichen Sporttreibenden zur Inaktivität zwingt (d. h. in der Praxis: das große Trampolin wird nur aufgebaut, wenn wenige Personen anwesend sind).

Tabelle 1: Geeignete Geräteauswahl

Großgeräte	**Kleingeräte**	**„Extraaustattung"**
Airtramp	Matten	Rollbretter
Großes Trampolin	Bodenbahnen	Pedalos
Minitrampoline	Balken	Stelzen
Barren	Sprungbretter	Tonnen
Sprossenwände	Bälle	Schwungtücher
Reckanlagen Schaukelringe	Hütchen	Jonglierteller, -stäbe
Taue	Springseile	Balancierbälle und Balanciertonnen
Stangen	Ziehtaue	Gymnastikbänder
Große Kästen	Hüpfbälle	Jonglierbälle
Kleine Kästen	Zauberschnur	Indiacabälle
Weichböden	Reifen	Wurfringe
Pferde	Tore	Musikinstrumente • Tamburine • Rasseln • Schellen • Klanghölzer
Böcke Schwebebalken Bänke	Zäune	Schweifbälle Softfrisbees

Materielle Voraussetzungen

Vor der Planung der Sportstunde muss die Größe, Art und Anzahl des zur Verfügung stehenden Materials geprüft werden.

Personelle Voraussetzungen

Eine Teilnehmerzahl mit bis zu 60 Sportlern an den Erlebnislandschaften erfordert 1–2 Übungsleiter. Bei einer Teilnehmerzahl bis zu 200 Personen in großen Hallen sind 3–4 Übungsleiter einzuplanen. Sofern eine Sicherheitsstellung erforderlich ist, muss eine ausreichende Zahl an Erwachsenen vorhanden sein, welche Hilfe- oder Sicherheitsstellung geben, um Unfälle zu vermeiden. In der Schule muss die Hilfestellung thematisiert und geübt werden, bevor einzelne Schüler sie übernehmen können.

Da die Auswahl der Erlebnislandschaften in besonderem Maße von der Altersstruktur der Gruppe abhängig ist, gilt es zu Beginn der Planung einen Altersquerschnitt der Gruppe zu bestimmen. Die Signatur (Männchen) auf den Stationszeichnungen gibt diesbezüglich Hilfestellungen (siehe Kapitel 2.1).

3.2 Organisation und Durchführung

Die Zeit für den Aufbau ist in entscheidendem Maße von der Teilnehmeranzahl und deren Umgang mit Aufbauten abhängig. Ebenso maßgebend ist es, inwieweit der Lehrer bzw. Übungsleiter in der Lage ist, den Aufbau zu organisieren. Für einen Aufbau mit ca. acht Stationen und recht gut geschulten Teilnehmern (ca. 60) beträgt die Aufbauzeit etwa 10 Minuten. Während dieser Zeit kann im Familiensport an den bereits fertig gestellten Stationen schon geturnt werden. In der Schule muss hingegen der Aufbau erst vollständig beendet sein, bevor geturnt werden kann, da dort keine helfenden Eltern zur Verfügung stehen, die Aufsicht führen können.

Nach dem Stationsaufbau dürfen alle Sportinteressenten gleichzeitig an allen Stationen turnen. Dabei müssen vorweg vereinbarte Regeln eingehalten werden. Bei Nichtbeachtung muss der Übungsbetrieb unterbrochen werden, da diese Regeln in erster Linie der Sicherheit dienen. Beispielsweise darf die schiefe Ebene nur auf einer Seite bestiegen und auf der anderen Seite verlassen werden, damit niemand verletzt wird. Der Wechsel zwischen den einzelnen Stationen erfolgt im Familiensport ohne Reglementierung durch den oder die Übungsleiter.

Generell kann der Wechsel unterschiedlich organisiert werden. Möglich wären:

- Freier Wechsel,
- Wechsel auf ein optisches oder akustisches Signal hin,
- Wechsel im Rahmen einer Geschichte (z. B. „Wir reisen von Planet zu Planet"),
- Wechsel nach einer vorgegebenen Zeitspanne.

3.3 Die Aufgaben des Übungsleiters/ Lehrers

„Die Lehrkraft nimmt die Rolle des Beobachters ein, manchmal wird sie durch eigenes Tun zum Animateur. Sie greift ein, wenn es die Sorgfalts- und Aufsichtspflicht erfordert; Sie gibt Impulse für neue Situationen, stellt neue Aufgaben, verändert die Geräte und den Aufbau der Kombinationen" (Schraag, 1996, S. 17).

Zusammenfassend bestehen die ***Aufgaben der Übungsleiter:***

a) Vor der Stundenplanung:

In der Kontrolle und Durchsicht:

- der Halle (Größe, Art und Ort der festmontierten Geräte),
- der Geräte (Großgeräte und Kleingeräte).

In der Planung:

- der Zielgruppe (Alter und Interessen der Kinder),
- Lernziel der Unterrichtseinheit,
- des speziellen Stundenschwerpunktes,
- des Stundenverlaufs.

b) Beim Aufbau:

- In der Betreuung und Mithilfe zum Aufbau der Stationen.

- In der Überprüfung und Absicherung der Aufbauten (Standfestigkeit der Geräte, Absicherung durch Matten, Eliminierung möglicher Gefahrenquellen).
- Spezielle Handlungen: z. B. Seile montieren, Barrenholme feststellen, Geräte sichern o. Ä.

c) Während des Übungsbetriebes:

- Einen Panoramablick aufsetzen, um das Geschehen an allen Stationen zu überwachen, speziell einzelne Stationen besuchen, um dort zu beobachten, zu regeln, allgemeine oder spezielle methodische Maßnahmen zu ergreifen (Beispiel: einzelnen interessierten Kindern eine Methodik zum Erlernen der Flopp-Technik beim Hochsprung oder der Rolle anbieten), vormachen, mitturnen, die Kinder und Eltern animieren.
- Einweisung in erforderliche Hilfe- und Sicherheitsstellungen an den einzelnen Stationen.

d) Beim Abbau:

- Im Dirigieren der Aufräumarbeiten, Unfallverhütung (Kinder turnen nicht mehr an ungesicherten Geräten; rollender Mattenwagen bedeutet Gefahr für die Füße u. v. m.).

Aus dieser Vielzahl an Aufgaben wird ersichtlich, dass der Übungsleiter sehr flexibel in seiner Planung sein muss. Das Turnen an Erlebnisstationen führt immer wieder zu unerwarteten Veränderungen der eigentlichen Planung, da ein Großteil der Stunde von den Teilnehmern selbst gelenkt wird. Darauf muss der Übungsleiter spontan und adäquat reagieren können. Es besteht so auf der anderen Seite auch die Chance viel Neues von den Teilnehmern hinzuzulernen. Häufig ist der Lehrer erstaunt darüber, welch vielfältige Ideen, die Teilnehmer an den unterschiedlichen Stationen entwickeln. Manchmal hingegen ist es der Übungsleiter, der erst einmal das Interesse und die Motivation für einzelne Aufgaben bei den Teilnehmern wecken muss. In seiner Rolle als Arrangeur sollte er allerdings darauf achten, dass kein Kind in Situationen gedrängt wird, die es als unangenehm empfindet.

3.4 Hallenplanungen unter speziellen Thematiken

Die nun folgenden Beispiele für Hallenplanungen haben rein beispielhaften Charakter. An Ihnen soll das Spektrum der unterschiedlichen Einsatzmöglichkeiten von Erlebnislandschaften aufgezeigt werden:

• Stundenschwerpunkt: Urwald in Afrika
• Stundenschwerpunkt: Schatzinsel
• Stundenschwerpunkt: Rollen
• Hallenplanung mit Minimalausstattung 1
• Hallenplanung mit Minimalausstattung 2

Die Attraktivität des Turnens an Erlebnisstationen kann gesteigert werden, wenn es in eine für die Kinder ansprechende Rahmenhandlung integriert wird. Hierfür eignen sich in besonderem Maße Bewegungsgeschichten, die den Ablauf der Stunde prägen. Sie sind insbesondere für die Alterstufe von 2–8 Jahren alters- und entwicklungsgemäß (vgl. ROHR und FRANZESCON, 1999). Einzelne Sportstunden erhalten durch die Einkleidung in derartige Geschichten und Thematiken einen atmosphärischen Bezugsrahmen. Er bietet für die Kinder eine aktive Auseinandersetzung mit den Geräten durch einen hoch motivierenden Aufforderungscharakter. Somit kann ein phantasievoller Zugang zum Bewegen an den Stationen geschaffen werden. Die Erlebniswelt der Kinder wird dabei auf der einen Seite in das Bewegungsangebot integriert und andererseits wird ihr Erfahrungshorizont durch das eigene Erproben an den Geräten erweitert. Die Kinder erproben und trainieren ihre körperlichen Fähigkeiten und erhalten gleichzeitig die Möglichkeit ihre Gefühle und Phantasien auszuleben. Für die Auswahl von Bewegungsthematiken und Bewegungsgeschichten gibt es in der Literatur zahlreiche Beispiele (vgl. z. B. STEIN, 1994, S. 94). An den von uns aufgeführten Beispielen soll verdeutlicht werden, wie die einzelnen Gerätearrangements bezüglich einer speziellen Thematik ausgewählt und zusammengestellt werden können. Angemerkt sei, dass es häufig nicht ausreicht, eine Stunde lediglich unter ein spezielles Motto zu stellen. Für das Gelingen ist ein guter Einstieg ebenso wichtig, wie ein guter Abschluss einer derartig gestalteten Stunde. Zum Thema „Schatzinsel“ bietet es sich beispielsweise, an eine Schatzkarte zu gestalten, die vor Beginn der Stunde nach einer einleitenden Geschichte und der Anreise auf einem Boot (Matten mit Reifen) an die Kinder verteilt wird. Die Abenteuer auf der Schatzinsel sollten von einer geeigneten Geräuschuntermalung (Beispiel: Tierlaute durch die Kinder gestalten lassen oder mittels einer Musikkassette) begleitet sein. So wird die Spannung und das Abenteuer erhöht. Nach einem erfolgreichen Aufenthalt auf der Insel muss die Insel natürlich auch wieder entsprechend verlassen werden (Bootsfahrt zurück). Die Reise könnte dann zum Abschluss mit einem zur Thematik passenden Tanz oder Spiel gefeiert werden.

Um eine Schulsportstunde unter einer speziellen Thematik zu planen und durchzuführen, wurde exemplarisch die Hallenplanung zum Thema „Rollen“ gezeichnet. Denkbar wären auch andere Stunden zum Thema „Stützen“ oder „Klettern“ etc.

Die Hallenplanungen mit Minimalausstattung 1+2 geben einen möglichen Überblick zur Gestaltung und Raumaufteilung einer Schulturnhalle mit den üblicherweise in der Schule vorhandenen Geräten. Darüber hinaus sollen sie verdeutlichen, dass das Argument „wir haben aber zu wenig Geräte für solche Aufbauten“ nicht zählen sollte. Auch wenn die Materialausstattung in den einzelnen Turnhallen häufig sehr gering ist, reicht es dennoch meistens aus, um zumindest einen Teil der Erlebnislandschaften zu gestalten.

Auf den nächsten Seiten folgen die Zeichnungen zu den oben genannten Stundenschwerpunkten, bzw. zur Hallenplanung mit Minimalausstattung.

Stundenschwerpunkt: Urwald in Afrika

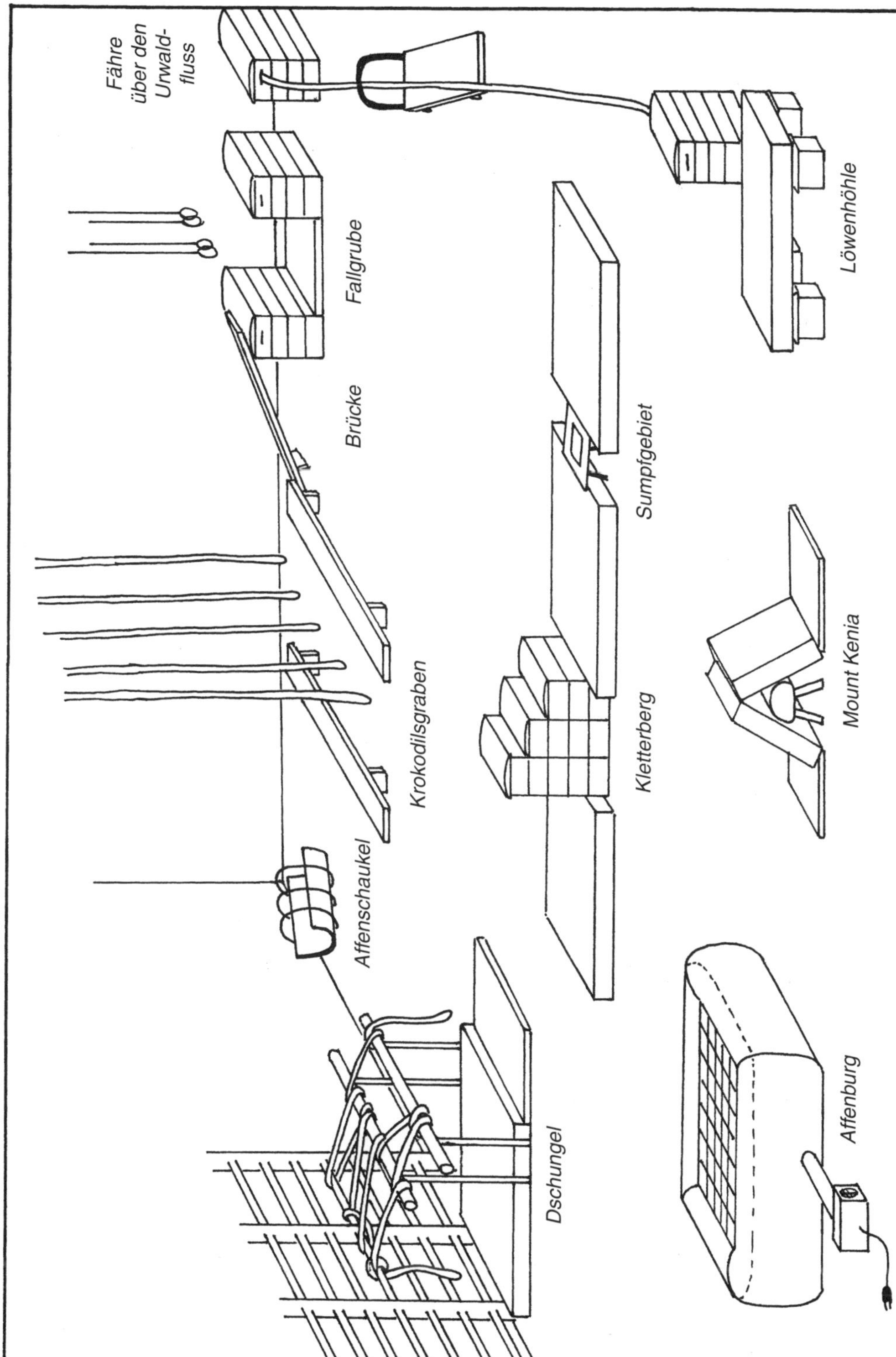

Stundenschwerpunkt: Schatzinsel

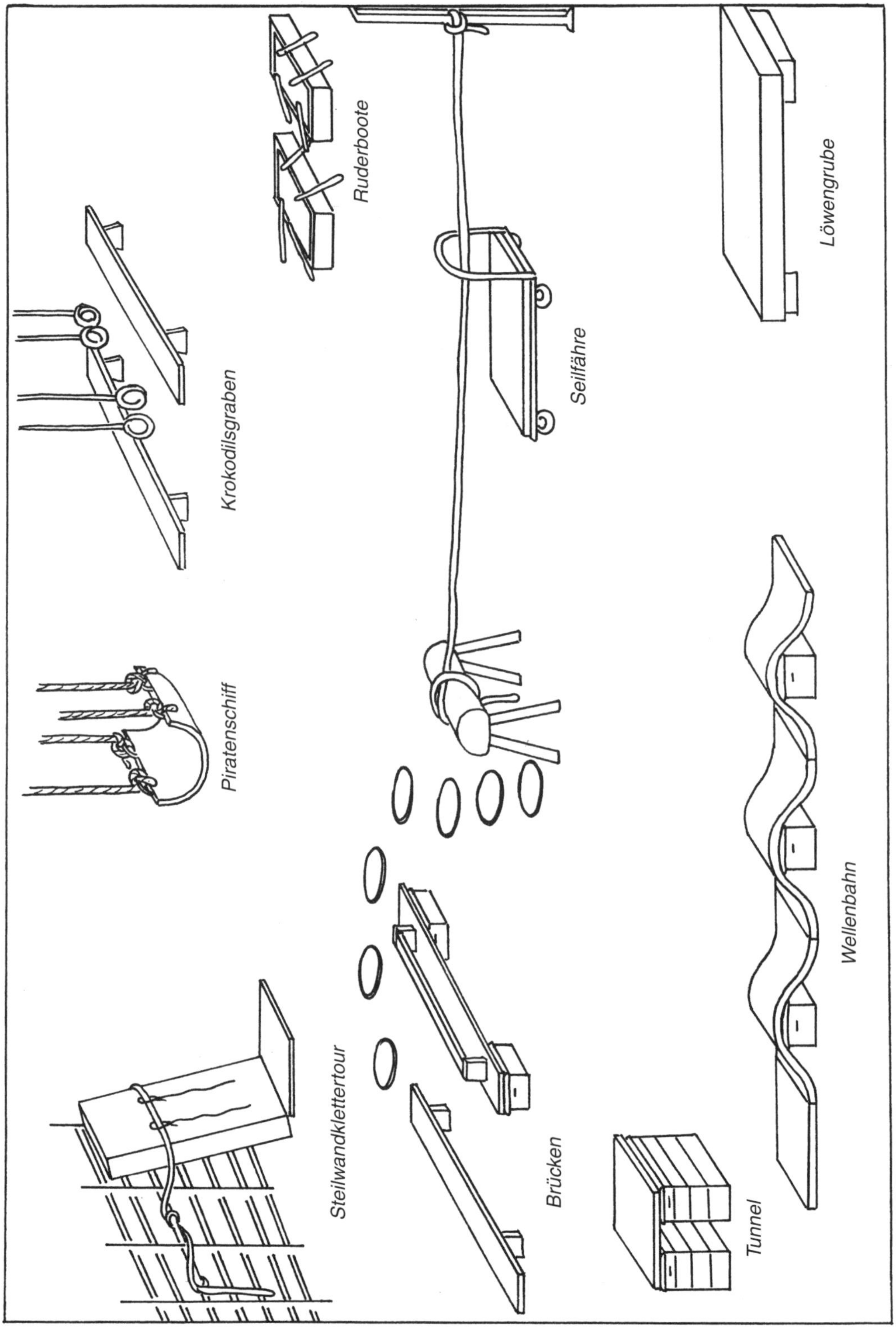

Stundenschwerpunkt: Rollen
Didaktische Maßnahme: Bewegungsaufgaben an einzelnen Stationen

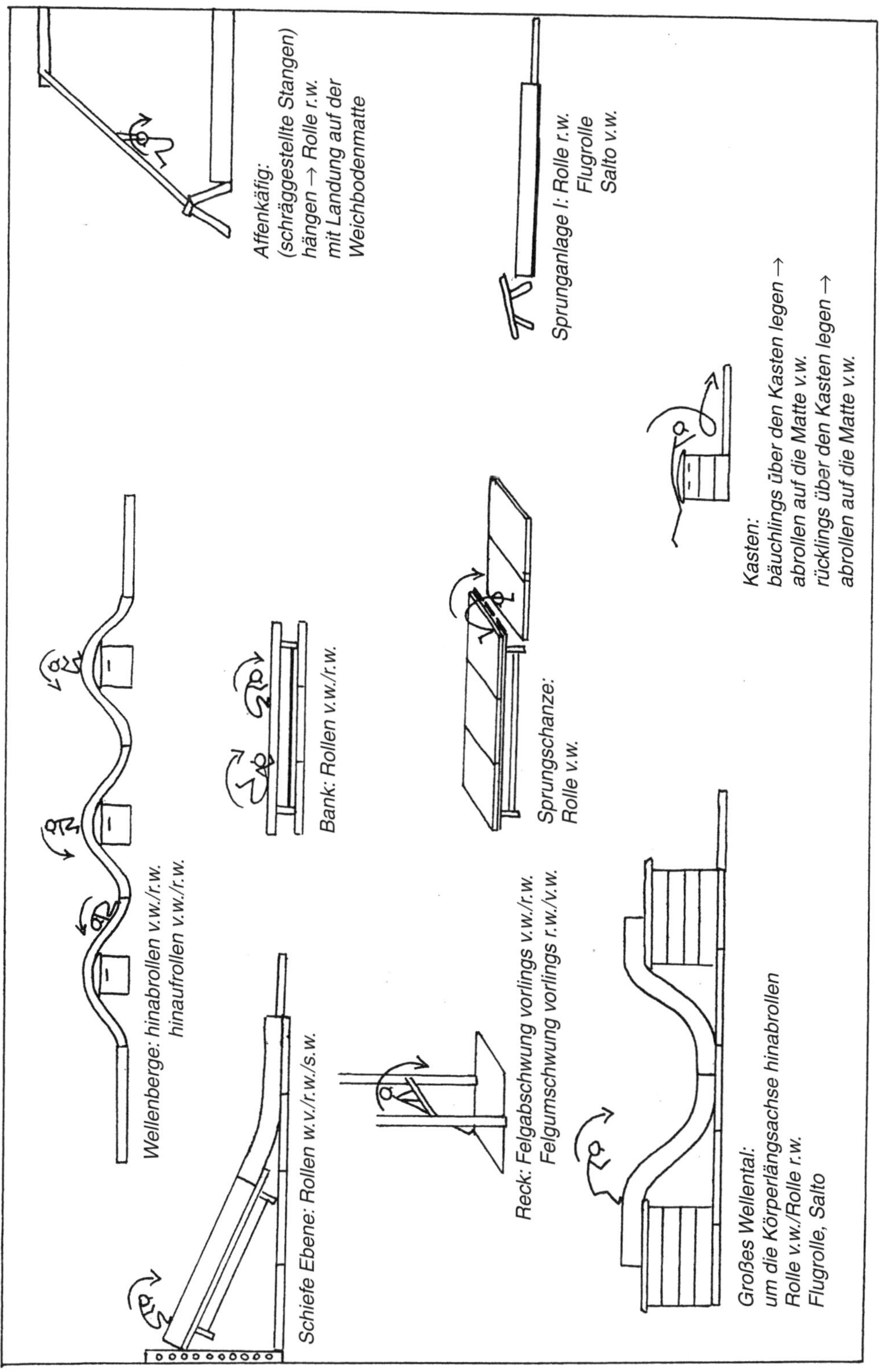

Hallenplanung mit Minimalausstattung 1

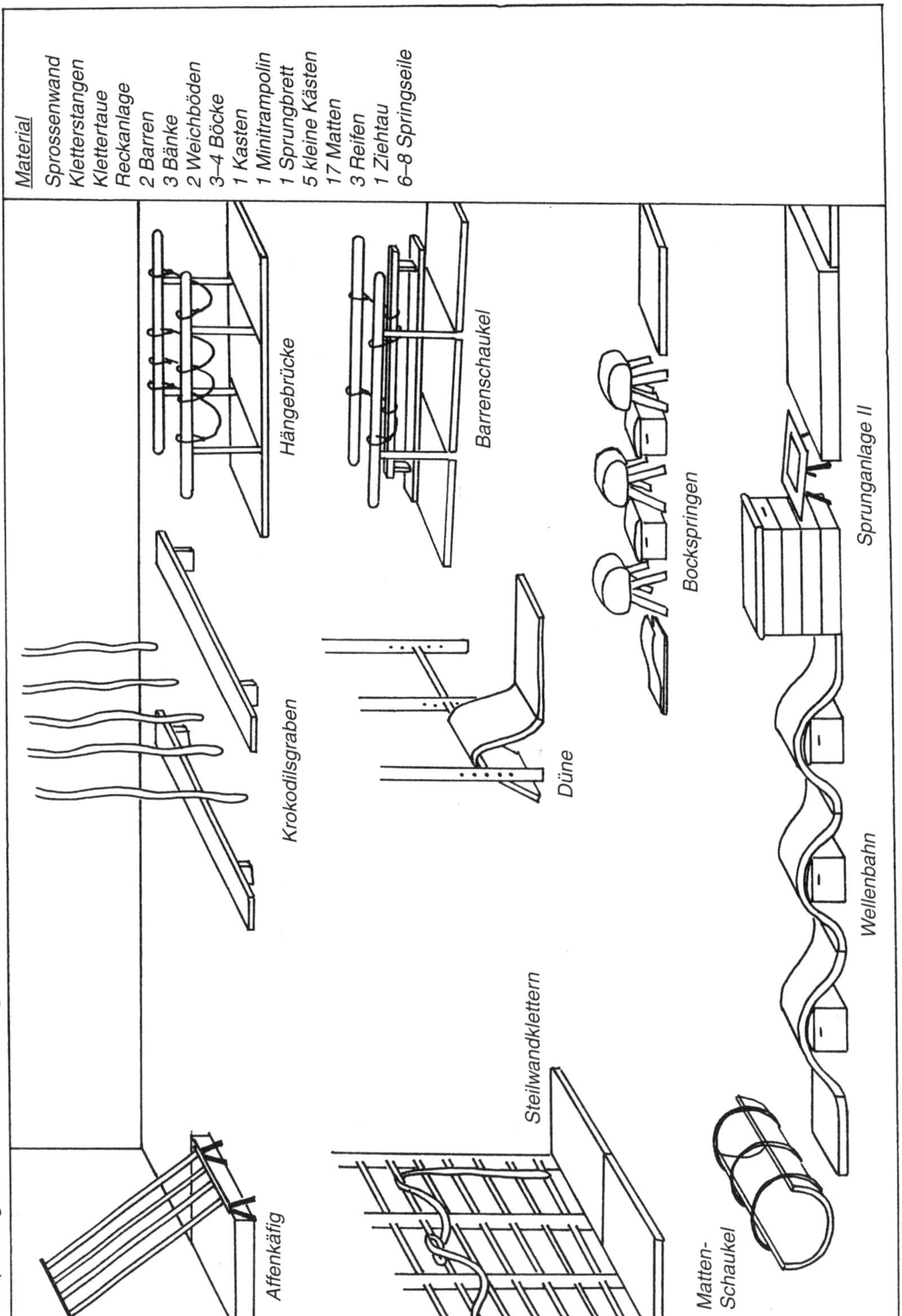

Hallenplanung mit Minimalausstattung 2

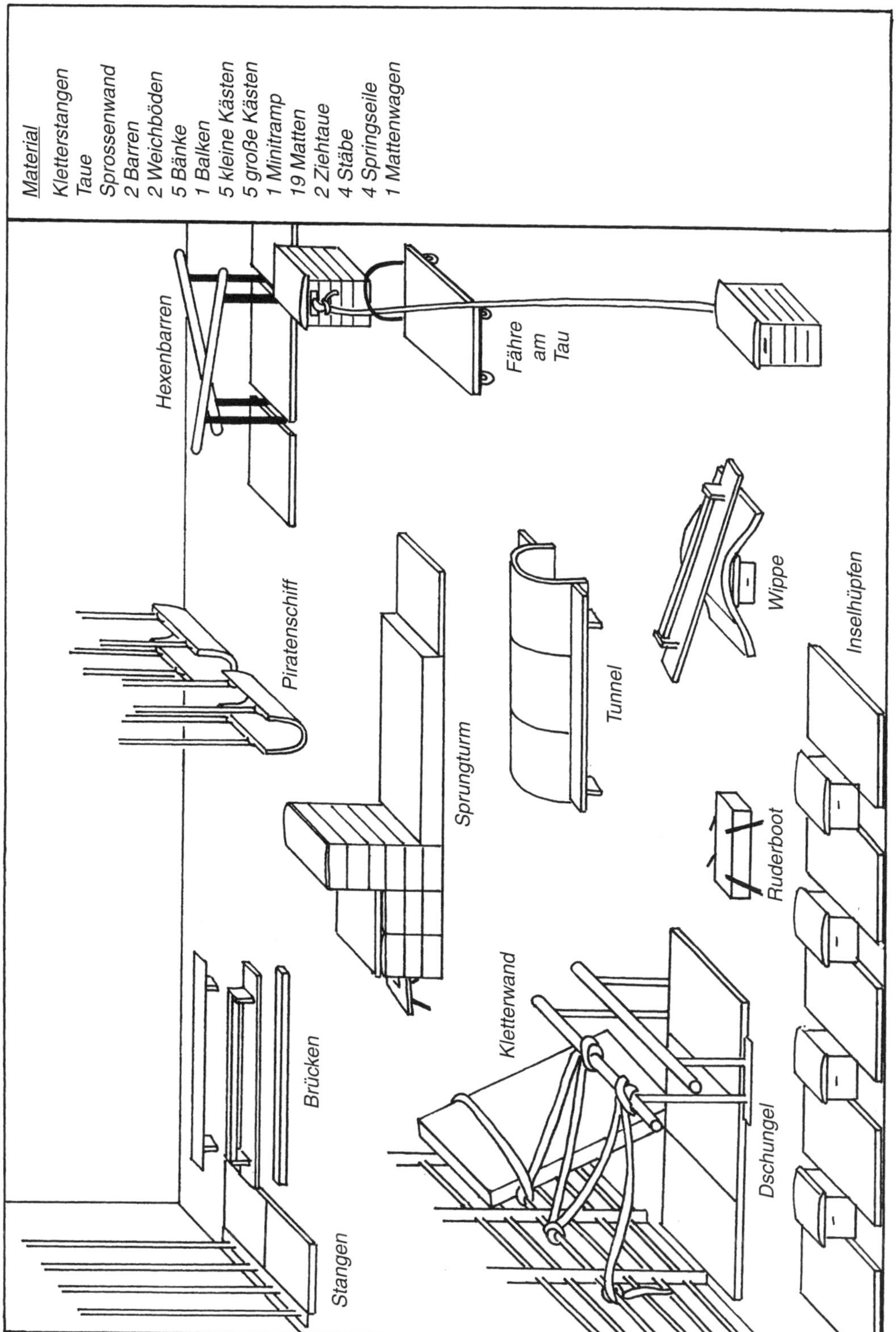

4 Einsatzmöglichkeiten am Beispiel des Familiensportes

4.1 Zum Begriff Familiensport

Familiensport ist ein Thema, was in der Literatur noch wenig Beachtung findet. Als Übungsleiter bleibt einem nur die Möglichkeit sich in Büchern über Eltern-Kind-Turnen oder allgemein gehaltenen Büchern über neuere Formen des gemeinsamen Sporttreibens, Anregungen zu suchen. Ansonsten ist die eigene Kreativität gefordert.

Erste Definitionsversuche lauten: „Unter Familiensport versteht man eine gemeinsame, zeitlich und örtlich zusammenliegende Bewegungsaktivität von möglichst allen, mindestens aber zwei Familienmitgliedern." (Lehrplan Deutscher Turnerbund, 1986). Dabei ist zu bedenken, dass diese gemeinsame Tätigkeit einerseits unorganisiert im privaten Bereich stattfindet (z. B. im Urlaub oder am Wochenende) und andererseits organisiert in Vereinen und öffentlichen Institutionen unter der Aufsicht eines Übungsleiters. Diese beiden Bereiche schließen sich nicht aus, sondern können sich gegenseitig ergänzen. Ziel ist es, dass Anregungen aus dem organisierten Familiensport in den privaten Bereich übertragen werden.

Die Definition des Deutschen Turnerbundes sollte man als eine Art Sammelbegriff ansehen, da sie noch keine Rücksicht auf die verschiedenen alters-, geschlechts- und anzahlbedingten Familienkonstellationen nimmt.

4.2 Begründungen und Zielsetzungen des Familiensportes

4.2.1 Begründung des Familiensports

In den letzten 200 Jahren hat sich die Rolle und Struktur der Familie stark gewandelt. Aus einer zusammenarbeitenden und produzierenden Großfamilie hat sich mit zunehmender Industrialisierung eine verbrauchsorientierte, arbeitsteilige Kleinfamilie des Industriezeitalters entwickelt. Die Zeit für die Familie wird immer mehr zurückgeschraubt. Lange Arbeitswege, Schichtarbeit, Jugendliche, die aufgrund des Studiums, die Stadt wechseln müssen, sind nur einige der Begründungen dafür.

Hinzukommt, dass demzufolge weite Bereiche der Erziehung mittlerweile nicht mehr von den Eltern übernommen werden, sondern mehr und mehr an öffentliche Institutionen abgegeben werden. Das führt dazu, dass immer mehr Menschen vereinzeln und es zu einer Entfremdung innerhalb der Familien kommt. Häufig haben die einzelnen Familienmitglieder nur noch sehr wenig Kenntnisse über den anderen. An dieser Stelle setzt das organisierte Sporttreiben der ganzen Familie an.

Warum gerade gemeinsames Sporttreiben?

Die gemeinsame sportliche Tätigkeit hat den Vorteil, dass meist nicht befriedigte, im Alltag angehäufte Bewegungsbedürfnisse, gestillt werden können. Des Weiteren bietet das Sporttreiben mit anderen Familien einen Ort der Kommunikation, wo neue Bekanntschaften geschlossen oder alte gepflegt werden können. Es bieten sich neue Erfahrungsräume, die man gemeinsam als Familie erlebt.

Gerade für die allgemeine Entwicklung der Kinder, muss an dieser Stelle bedacht werden, dass die Familie in den ersten Lebensjahren des Kindes, einen wesentlichen Einflussfaktor für die motorische Entwicklung ihres Kindes darstellt. Ebenso wie die materielle Umwelt, genügend Bewegungsmöglichkeiten örtlich bedingt, entscheidend ist, sind es auch die Eltern als personale Umwelt in ihrer Vorbildfunktion. Die Eltern geben den Kindern den Mut für das Erobern neuer Bewegungsräume und haben dabei die Gelegenheit ihre Kinder aus einer anderen Perspektive kennen zu lernen, im Umgang mit anderen Kindern und in für sie neuen Situationen.

Alle diese Begründungen verdeutlichen die enorme Bedeutung und die Chancen, die der Familiensport bietet. Es kann zu positiven Rückkopplungen auf das alltägliche Familienleben kommen. Diese positiven Auswirkungen können allerdings nur erreicht werden, wenn der Familiensport, sich an den Bedürfnissen seiner Teilnehmer orientiert und didaktische Wege findet, um eine so heterogene Gruppe optimal betreuen zu können.

4.2.2 Zielsetzungen des Familiensports

Der Schwerpunkt des Familiensports liegt im Gegensatz zum Kinderturnen, nicht allein auf einer optimalen sportlichen Frühförderung der Kinder. Es geht vielmehr darum, dass sowohl die Eltern wie auch die Kinder aktiv gemeinsam Sport treiben und dabei gemeinsame Erfahrungen machen. Dieses gleichzeitige, spielerische Sporttreiben von Eltern und Kindern hat zum Ziel:

- mehr Nähe zwischen Eltern und Kindern zu schaffen,
- gemeinsame Bewegungsmöglichkeiten für Eltern und Kinder anzubieten,
- die Eltern in Bewegung zu bringen,
- sinnvolle Freizeitgestaltungen für die ganze Familie anzuregen.

Dabei stehen der Spaß und die Freude stets im Vordergrund.

4.3 Konzept an der TU-Berlin

Die grundlegende Idee, eine Veranstaltung für Kinder und Erwachsene einzurichten, ist an der Technischen Universität Berlin im Wintersemester 1982/83 erstmalig realisiert worden.

Dabei stand und steht auch heute noch die Verbindung von einem breitensportorientierten Training für Erwachsene, mit dem spielerischen und dennoch lernzielorientierten Sporttreiben der Kinder im Vordergrund. Die motorischen Grundfähigkeiten der Kinder werden gefördert.

Als Voraussetzungen zur Durchführung einer solchen Sportveranstaltung benötigt man:

- Eine große Sporthalle,
- eine umfangreiche Sportgeräteausstattung,
- die Organisation durch Träger (z. B. Verein, Universität),
- und geschulte Übungsleiter.

Die Sporthallengröße der Universitätshalle in der Waldschulallee entspricht der dreifachen Größe einer „normalen Schulturnhalle“. Im Bedarfsfall kann die Halle durch Trennwände dreifach geteilt werden.

Eine umfangreiche Geräteausstattung, die weit über die Minimalausstattung einer schulischen Einrichtung hinausgeht, z. B. Kleingeräte aus der Motopädagogik (Pedalos, Rollbretter, Tonnen, Kreisel, Stelzen, Balancierbälle, Jonglierteller, Drehkreisel, etc.) Profigeräte, die sehr aufwendig sind, (Airtramp Maße 10 m mal 10 m, großes Trampolin) ermöglicht es dem Übungsleiter neben dem Aufbau von Erlebnislandschaften weitere psychomotorisch und sensomotorisch ansprechende Angebote zu machen.

4.3.1 Teilnehmerstruktur

Die Veranstaltung findet zweimal wöchentlich für 2 Stunden statt. Die Teilnahme an der Sportveranstaltung Familiensport ist grundsätzlich für Jedermann möglich. Die Teilnehmer entrichten im Semester pro Person 13.– ⇔ und erwerben damit die Teilnahmeberechtigung.

Die Kosten für Lehrkräfte, Materialien, Neuanschaffung, Reparatur, Organisation und Hallennutzung sind damit nicht einmal annähernd gedeckt.

Hieraus wird ersichtlich, dass es sich beim Familiensport an der Technischen Universität um eine in erheblichen Umfang aus öffentlichen Geldern geförderte und unterstützte Veranstaltung handelt.

Die von der Technischen Universität über Jahre geführte Statistik verdeutlicht die Struktur der Teilnehmer.

Die Auswertung zeigt:

... dass ca. 500 Personen für den Familiensport angemeldet sind,

... pro Veranstaltungstermin erscheinen 150–250 Teilnehmer,

... nur ca. 20–30 Personen bilden einen festen Kern mit regelmäßiger Anwesenheit,

... der Anteil der externen Teilnehmer überwiegt, gegenüber den universitätsangehörigen Teilnehmern,

... ein Erwachsener bringt im Durchschnitt 2–3 Kinder mit,

... das Durchschnittsalter der Kinder liegt, bei einer Streuung von 1–10 Jahren, bei 4–5 Jahren,

... das Alter der Erwachsenen beträgt in der Regel zwischen 35 und 45 Jahren,

... die Zahl der männlichen und weiblichen Erwachsenen hält sich die Waage,

... zumeist ist nur ein Elternteil anwesend,

... viele Kinder werden von anderen Eltern mitgebracht (sind nicht mit den eigenen Eltern da).

Der Teilnehmerkreis weist trotz der freien Organisationsform eine relativ hohe Konstanz auf, die von äußeren Gegebenheiten gesteuert wird (Sonntage mit Hitze, Ferienzeit, Weihnachtsmärkte reduzieren die Teilnehmerzahl; Schlechtwetterzeiten von Oktober bis November erhöhen die Teilnehmerfrequenzen).

Tabelle 2: Materielle Voraussetzungen

Großgeräte	Kleingeräte
1 Barren	Bälle unterschiedlichster Art
5 kleine Kästen	25 Hütchen
5 große Kästen	12 Trennzäune
5 Weichböden	20 Reifen
2 Pferde	30 Seile
3 Mattenwagen	3 Taue
1 Bodenbahn	1 Kreisel
1 großes Trampolin	2 Schwungtücher
2 Minitrampoline	4 Balanciertonnen
3 Rheuterbretter	Rückschlagspiele
1 Airtramp	30 Hockeyschläger
30 kleine Matten	Indiacabälle
6 Bänke	6 Rollbretter
2 Tore	4 Pedalos
	3 Paar Stelzen
	Jonglierutensilien
	2 Zauberschnüre
	Gymnastikbänder
	Musikinstrumente (Triangel, Schellen, Tamburin, Klanghölzer)

4.3.2 Stundenplanung zum Familiensport der TU- Berlin

Alle bereits im Kapitel 3 genannten Punkte kommen an dieser Stelle zum Einsatz.

Ein Team von 3 Übungsleitern erstellt zum Beginn der Stunde einen Plan und berücksichtigt dabei die materiellen und personellen Voraussetzungen.

Halle: Dreifach-Sporthalle, gegebenenfalls durch Trennwände dreifach teilbar

Materielle Voraussetzungen:

Festinstallierte Geräte/Fixierte Aufbauorte:

Hallenquerseiten: Je 5 Sprossenwände
Hallenlängstseiten: Je 3 Basketballkörbe
Hallenecke mit Elektroanschluss und Kompressor: 1 Airtramp

Personelle Voraussetzungen:

Die Übungsleiter berücksichtigen bei der Hallenplanung vor Unterrichtsbeginn:

- Die Teilnehmerzahl der speziellen Stunde:
  - große Gruppe = 150–200 Personen,
  - mittlere Gruppe = 80–150 Personen,
  - oder kleine Gruppe bis 80 Personen.
- Die Teilnehmerstruktur.
- Alter der Kinder (Anteil der Kinder von 0–3 Jahren, von 3–6 Jahren, von 7–10 Jahren).
- Zahl der Kinder, Zahl der Erwachsenen.
- Interessen/Wünsche einzelner Personen und Gruppen.

Bei allen Hallenplanungen ist eine Badmintonanlage für die Eltern eingeplant und eine mit Balken abgetrennte Ecke zum gefahrlosen Üben mit Pedalos, Rollbrettern, Tonnen und sonstigen Geräten zum Balancieren.

Zur Vereinfachung der Organisation befinden sich die Standartaufbauten immer an derselben Stelle (Airtramp, Badminton, Pedalos, Rollbretter, Tonnen).

Zwei Übungsleiter leiten die Gymnastik nach Musik am Anfang und Ende des Familiensports.

Ein Übungsleiter leitet das Spiel.

Alle Übungsleiter sind stets verfügbar für Fragen und Antworten, im Einsatz, beim Aufbau, bei der Kontrolle, der Sicherheit und Gefahrenreduzierung, als Animateur, zur Hilfestellung und Materialbeschaffung.

Zweimal während des Übungsablaufes werden die Teilnehmer zu einem „Haufen" zusammengerufen (Trillerpfeife, Ruf):

- Nach der Eingangsgymnastik, zur Begrüßung, Erläuterung des Aufbaus anhand des Hallenplanes, Sonstiges,
- zum Spiel am Ende der Stunde.

Ansonsten ist die Organisationsform frei, einzelne Personen werden aber speziell für den Aufbau zu einzelnen Stationen geholt.

Der Ablauf und die Durchführung der Stunde ist optimal, wenn die Übungsleiter im Hauptteil, beim Turnen an den Erlebnislandschaften nur noch im Hintergrund agieren. (Sicherheitskontrolle, Rundgang von Station zu Station, Panoramablick, individuelle Einzelberatung/Bewegungsanleitung

Ablauf der Stunde

Übungsleiter: Martina Lutter, Antje Stock, Norbert Raabe, Wencke Kegel

Gesamtzeit: 120 min.

Hallengröße: 3-fach-Sporthalle

Tabelle 3: Ablauf der Stunde

	Zeit	Inhalt	Medien	Organisation	Ziel
Einleitung	15 min	Freies Spiel	Kleingeräte	Frei	• Zeit für freies Spiel; • Zuspätkommende werden leichter integriert
	15–20 min	Gymnastik mit Musik	Musikanlage, Kassetten, CDs	• Laufen im Kreis • Freie Aufstellungsform, bei welcher der Übungsleiter im Zentrum steht	• Allgemeine und spezielle Erwärmung • Gemeinsames Angebot für Eltern und Kinder
Hauptteil	5 min	• Begrüßung der Teilnehmer • Besprechung der Stundenschwerpunkte und des Aufbaus mittels einer Tafel • Klärung organisatorischer Fragen	Magneten Tafel Zeichnungen	• Haufen in der Hallenmitte • Übungsleiter stehen frontal zur Gruppe • Tafel anschließend an der Hallenseite aufgestellt	• Vorstellung und Organisation des sich anschließenden Aufbaus
	10–15 min	• Aufbau der Erlebnislandschaften durch Eltern und Kinder • Kinder turnen an den schon fertig gestellten Stationen (z. B. Airtramp)	abhängig vom gewählten Aufbau	• Erwachsene orientieren sich an den Stationskarten • Übungsleiter dirigieren den Aufbau einzelner Stationen und überprüfen sie auf Sicherheit • Kinder holen Kleingeräte oder leichte Großgeräte	• Eigenständigkeit der Eltern beim Aufbau • Übungsleiter leiten an, kontrollieren und sichern den Aufbau • Kindern können ihrem Bewegungsdrang an schon abgesicherten Stationen nachkommen
	45 min	• Kinder und Eltern turnen an allen Stationen • Eltern übernehmen Sicherheitsstellung • Übungsleiter überwachen das Geschehen (Panoramablick), kontrollieren ständig die Sicherheit der Stationen, geben Anregungen und Bewegungshinweise, vermitteln den richtigen Geräteeinsatz und animieren		• Stationsbetrieb mit eigenständigem Wechsel • Übungsleiter wechselt seine Position und geht von Station zu Station und hat dennoch ganze Halle im Blick	• Vielfältige Förderung der motorischen Grundfähigkeiten der Kinder • Eltern üben und trainieren • Eltern und Kinder agieren gemeinsam maximal mögliche Bewegungsintensität für alle Teilnehmer
Ausklang	5 min	• Abbau der Erlebnislandschaften	Musik	• Musik setzt Signal zum Abbaubeginn • Übungsleiter lenken die Abbauarbeiten und betreuen das Einräumen in die Geräteräume	• Abbau der Geräte in schnellstmöglicher Zeit
	5–10 min	Kleines Spiel	verschieden	Haufen zur Erläuterung der Spielidee	• Gemeinsamer Ausklang für Eltern und Kinder
	15 min	Gymnastik mit Musik	siehe oben	Siehe oben	• Allgemeiner Ausklang

4.4 Beispiele für Hallenaufbauten in der TU-Sporthalle

In Abhängigkeit von der Struktur der Teilnehmeranzahl folgen Beispiele für Hallenplanungen:

- Stundenschwerpunkt: vielfältige Förderung der motorischen Grundfähigkeiten bei großer Anzahl von 1- bis 3-jährigen Kindern.
- Stundenschwerpunkt: vielfältige Förderung der motorischen Grundfähigkeiten bei einer hohen Anzahl von 4- bis 10-jährigen Kindern.
- Stundenschwerpunkt: vielfältige Förderung der motorischen Grundfähigkeiten bei geringer Teilnehmerzahl.
- Stundenschwerpunkt: vielfältige Förderung der motorischen Grundfähigkeiten bei hoher Teilnehmerzahl.

Hallenplanung aus der TU Sporthalle Berlin
Stundenschwerpunkt: vielfältige Förderung vieler motorischer Grundfähigkeiten bei großer Anzahl von 1- bis 3-jährigen Kindern

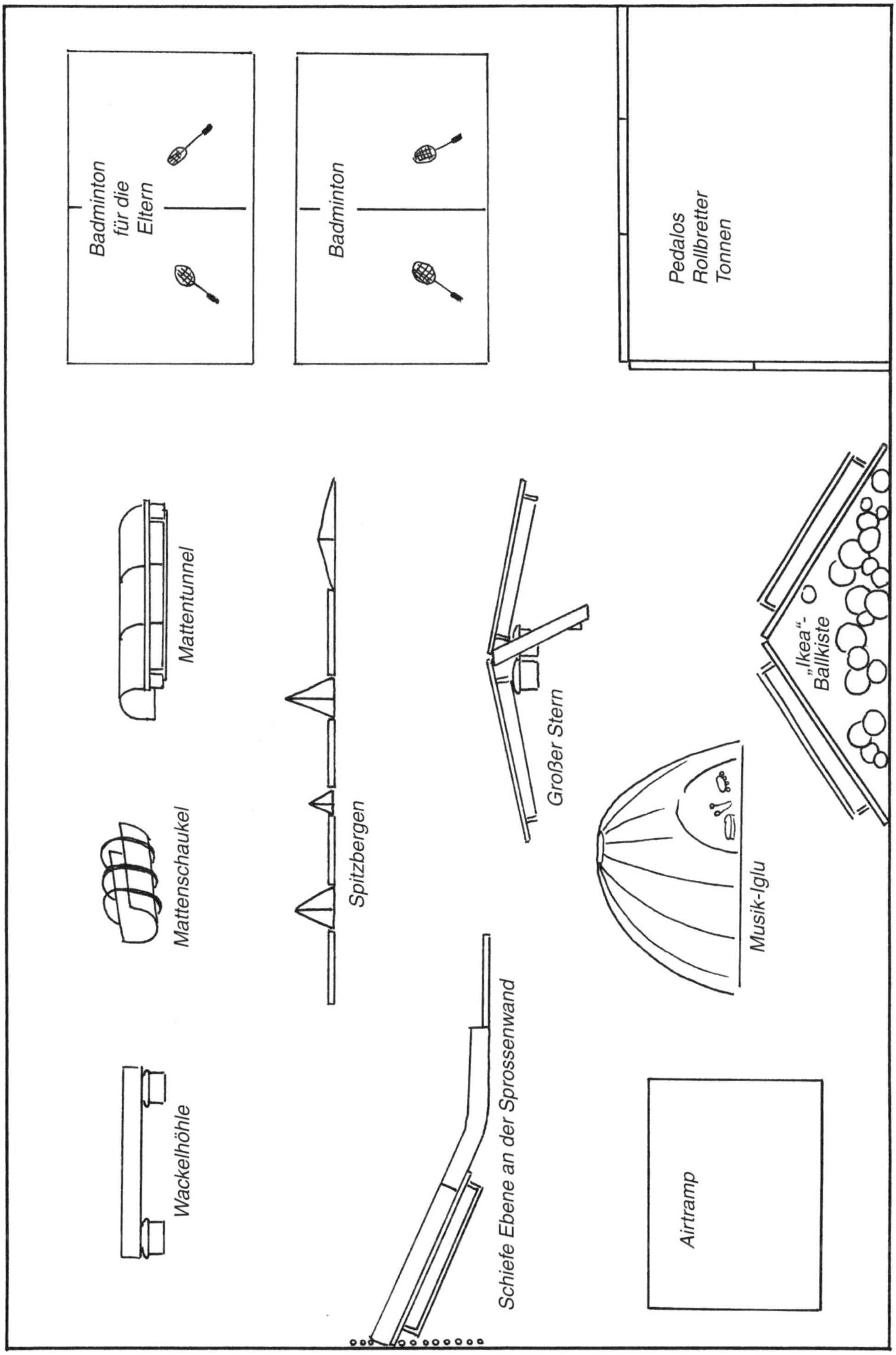

Hallenplanung aus der TU Sporthalle Berlin
Stundenschwerpunkt: vielfältige Förderung der motorischen Grundfähigkeiten bei großer Anzahl von 4- bis 10-jährigen Kindern

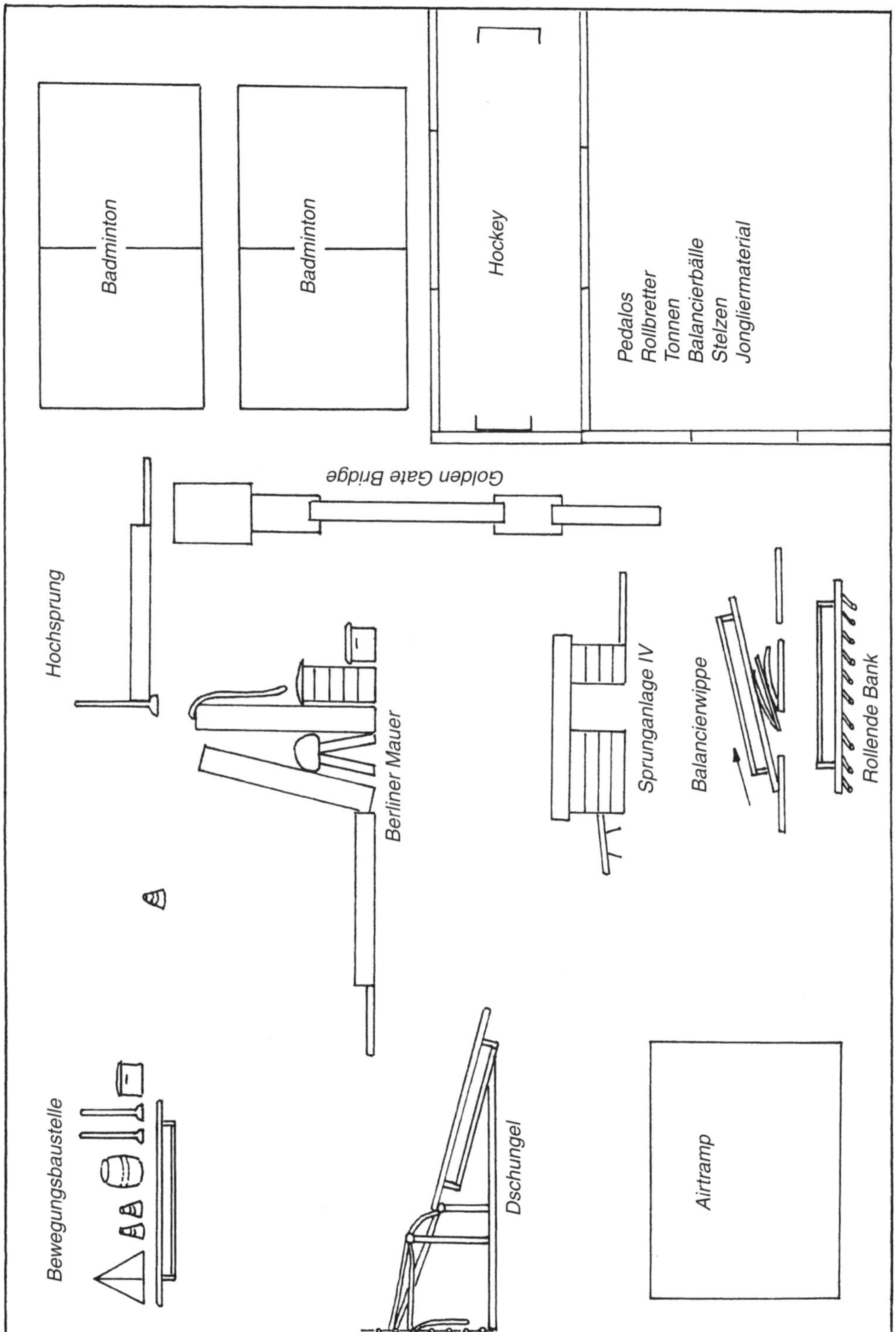

Hallenplanung aus der TU Sporthalle Berlin
Stundenschwerpunkt: vielfältige Förderung der motorischen Grundfähigkeiten bei geringer Teilnehmerzahl

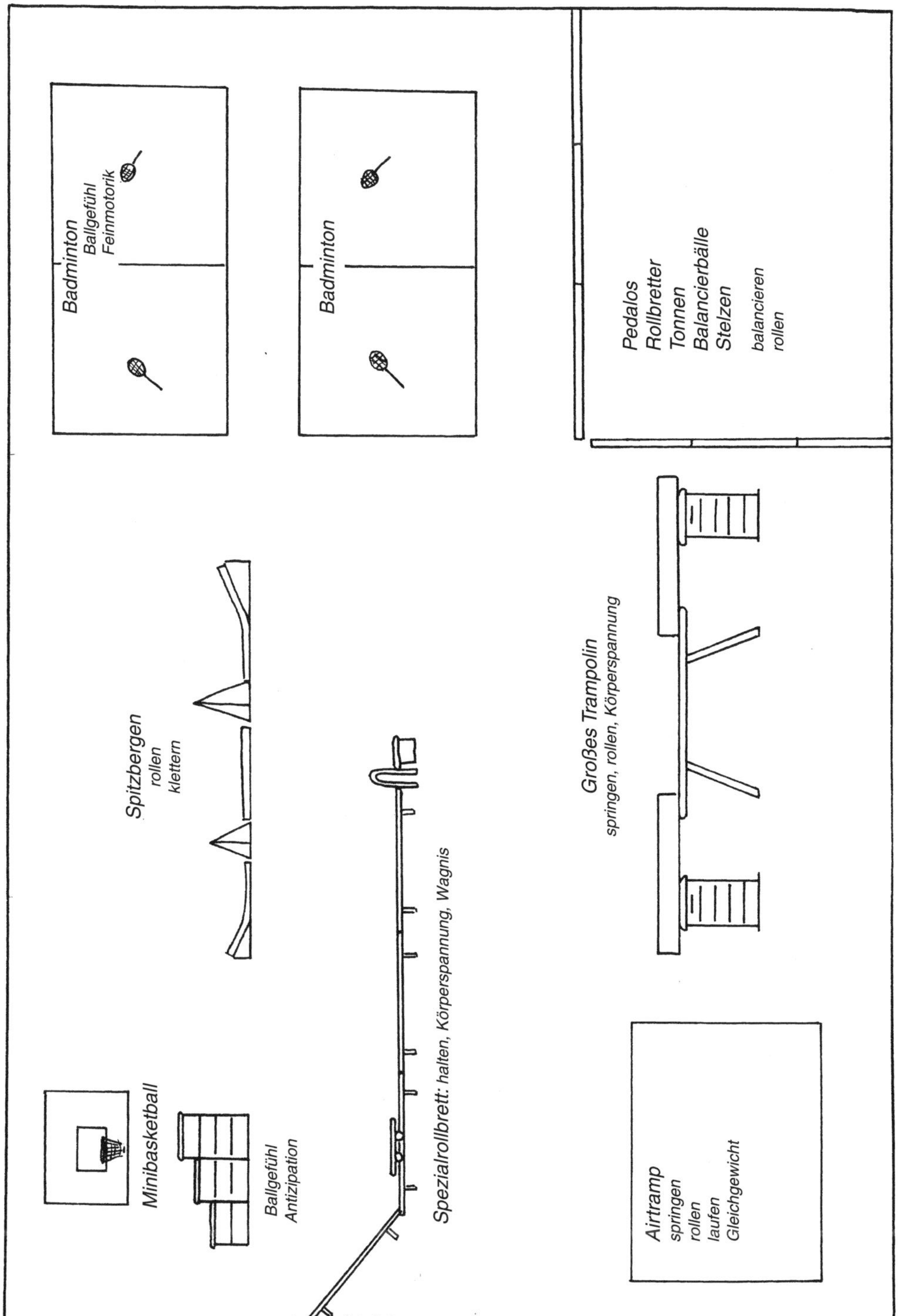

Hallenplanung aus der TU Sporthalle Berlin
Stundenschwerpunkt: vielfältige Förderung der motorischen Grundfähigkeiten bei hoher Teilnehmerzahl (200 Personen)

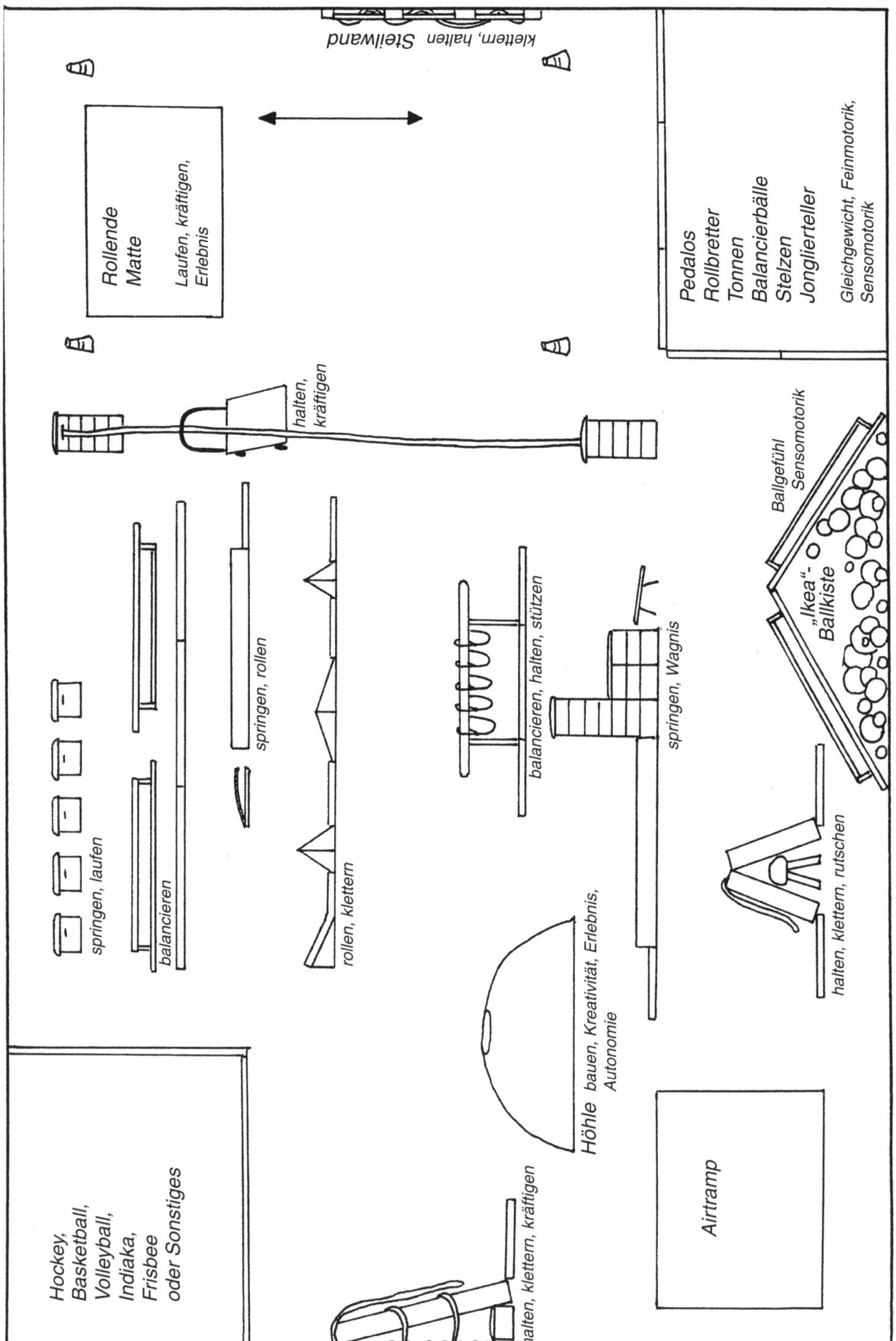

5 Literaturhinweise

BAUMANN, N.: Erlebnis und Risiko – Mit Sicherheit ein Thema für den Schulsport! In: Praxis der Psychomotorik, 24 (1), 1999, S. 28–32

BAUMANN, N./HUNDELOH, H.: Alternative Nutzung von Sportgeräten. BAGUV Hrsg. – Sicherheit im Schulsport, Heft 9, 1996, S. 36 und 37

DTB Forum Vereinsentwicklung Deutsche Turnerjugend (Hrsg.): Kinder in Bewegung – Vom Kinderturnen zum Sport mit Jugendlichen. Aachen: Meyer und Meyer, 1999

FRIES A.: Kinder-Turnen im Grundschulalter „Ran an die Geräte!". Buchverlag Axel Fries 1997

KOSEL A.: Schulung der Bewegungskoordination. Schorndorf: Hofmann 1993

LORENZ K.-H.: Eltern Kind Turnen. Frankfurt am Main: Pohl-Verlag, 1988

LUTTER M.: Reise ins Abenteuerland. Schorndorf: Hofmann 2004

MICHALKE-HAFKE, M.: Ein Urwald in der Turnhalle – Abenteuersport – Sportabenteuer mit Behinderten. In: Praxis der Psychomotorik, 19 (1), 1994, S. 39–43

NEUMANN P./KITTSTEINER J.: Wagnissport – Ein Beispiel zum mehrperspektivischen Sportunterricht. In: Lehrhilfen für den sportunterricht, 47 (1998), H. 9, S. 129–132

NEUMANN, P.: „No risk no fun" oder: Wagniserziehung im Schulsport. In: sportunterricht, 47 (1998), 1, S. 4–11

OMSELS, H.-J.: Fun-Activity oder: Die andersartige Abenteuerreise mit Kolumbus. In: Lehrhilfen für den sportunterricht, 46 (1997), 4

SCHMIDT, G.: Neue Abenteuerspielstationen – Fünfergruppe. In: Sport Praxis 1996, H. 2, S. 9–10

SCHRAAG, M. (Hrsg.): Erlebniswelt Sport: Ideen für die Praxis in Schule, Verein und Kindergarten. Schorndorf: Hofmann 1996

STEIN G.: Kleinkinderturnen ganz groß: drei- bis siebenjährige Kinder erleben Bewegung und Spiel in Verein; Grundschule und Kindergarten. Aachen: Meyer und Meyer 1994.